피터 와그너의 신사도운동 Story

KB202527

피터 와그너의
신사도운동 Story

**지은이**  정이철
**펴낸이**  정군효
**편 집**  최종철
**펴낸곳**  도서출판 다움
**등록번호** 제 385-2016-000020호
**등록일자** 2016.5.6.
**주 소**  서울시 강남구 언주로 608 3층(논현동)
**전 화**  02-540-1691
**정 가**  13,000원
ISBN  979-11-968192-0-0

truth50691@hanmail.net

# 피터 와그너의 신사도운동 Story

정이철목사 지음

도서출판 디·움

추천의 글


## 서철원_전 총신대 조직신학교수


정이철 목사의 〈피터 와그너의 신사도운동 Story〉를 을 읽으실 것을 권합니다. 이 책을 읽으시면 와그너의 신사도운동이 얼마나 비성경적이고 반 그리스도적인지 알게 됩니다. 와그너의 신사도운동의 주장들과 신학에 성경적 근거가 없을 뿐 아니라 성경과 배치됨을 알게 됩니다. 이런 비성경적이고 반 그리스도교적인 운동과 주장이 성령의 새 물결이란 이름 아래 감춰져서 새로운 성령운동으로 착각하게 만들었습니다.

이것을 정이철 목사께서 예리한 판단력과 성경적 가르침으로 밝혀내고 깨우쳤습니다. 2세기 이래 일어난 몬타누스의 성령운동이래 성령운동이란 이름으로 일어난 운동들이 바른 성령운동이 아니라는 사실이 밝혀졌습니다. 정이철 목사의 신사도운동 비판에서도 그릇된 성령운동의 비성경적이고 반 그리스도교적인 사실들이 밝혀졌습니다. 성경과 일치하지 않는 성령운동은 성경의 성령의 역사가 아님을 정이철 목사께서 우리로 깨닫게 해주었습니다. 신사도운동이 불건전한 성령운동이지 바른 성경적 성령운동이 아님이 밝혀졌습니다.

정이철 목사의 이 책을 통해 피터 와그너의 신사도운동의 신학과 주장이 얼마나 그릇되었는지를 알 수 있습니다. 널리 일독을 권합니다.

**전 태**_전 예장총회(고신) 이단대책연구소 소장

추천서를 쓰기 위해 처음 책을 읽어보고 너무 좋은 책이 나오는구나 하고 감사했습니다. 먼저 하나님께 감사드리고 이 좋은 책을 펴낸 정이철 목사님께 감사드리고 축하드립니다.

본인은 이단을 연구하는 사람으로서 평소 정이철 목사님의 글을 읽으면서 개혁주의 신앙에 입각하여 정확하고 풍부한 정보를 기초로 해서 좋은 글을 잘 쓰는 분이라고 알고 있었습니다. 금번에 이렇게 좋은 책을 내게 되었으니 얼마나 감사한지 모릅니다.

소논문 하나를 집필하는데도 힘이 드는데 방대한 저서를 집필한다는 것은 결코 쉽지 않은 일입니다. 그럼에도 불구하고 〈신사도운동 Story〉라는 책을 내게 되었으니 축하하지 않을 수 없습니다. 본인은 이 책을 〈신사도운동 대전大典〉이라고 불러야겠다는 생각을 했습니다. 그 이유는 신사도운동에 대한 비판적 저서를 집필하면서 피터 와그너에 집중하여 그침 없는 비판을 다각도로 제시해주었기 때문입니다. 저자는 신사도운동의 엄청난 폐해에 대해 이 책이 너무 늦게 나왔다고 다소 후회하지만 지금이라도 이와 같은 선명한 비평서적이 나오게 되었으니 정말 다행스러운 일이라고 생각합니다.

이 책은 신사도운동이 어떻게 시작되었는가? 그 요인에 대해, 제3의 물결이라고 불리는 이 운동의 내용들, 신사도운동이 가지고 있는 비성경적, 사이비적인 운동의 실체들과 세계교회와 한국교회에 끼친 악영향을 직설적으로 드러내고 있습니다. 사실 많은 지도자들과 교인들이 신사도 운동이 성경적인가? 교회에 끼친 영향이 좋은 것인지 나쁜 것인지 전혀 인식하지 못하는 자들과 아주 유익한 것으로 속고 있는 자들과 이것도 저 것도 분간이 안 되는 애매모호한 자들에게 명쾌한 답을 주는 책입니다. 무엇이 문제인가를 구체적인 실례를 들어서 이해하기 쉽도록 저술했습니다.

정이철 목사님의 글은 아주 공격적이며 직설적이며 도전적입니다. 어떤 이에게는 불쾌할 수도 있지만 이렇게 글을 쓰는 것은 정이철 목사님의 철저한 개혁주의 신학의 결과이며 성경과 복음에 대한 열정, 교회와 성도를 살리기 위한 열심 때문이라고 생각합니다. 적당히가 아니라 아주 철저히 노골적으로 잘못된 것을 드러냄으로써 더 이상 교회와 지도자들과 성도들이 피해를 입지 않기를 바라는 마음입니다. 저자는 신사도 운동의 실체를 명쾌하고 예리하게 비판함으로 독자들로 하여금 무엇이 옳으며 무엇이 잘못인가를 알게 해주고 있습니다. 저자는 역사적 시대적 안목과 많은 연구를 통한 이론적 개념과 현장 연구를 통한 구체적이고 실제적인 자료를 제공하고 있습니다. 그 동안 신사도운동에 대한 비판과 수용의 대결 구도에서 헤어나지 못하는 분들에게 확실한 해답을 주는 책입니다.

한국교회와 지도자들과 사역자들은 한국교회에 전염병처럼, 유행병처럼 만연한 신사도운동의 실체를 알고 주님의 몸된 교회를 해치는 아주 잘못된 이 운동을 지체 없이 추방해야할 것입니다. 지금이라도 한국교회가 이 책을 통하여 신사도운동의 위험과 악한 영향력을 깨닫고 교회와 성경과 복음의 본질로 돌아가기를 기대합니다.

# 차 례

지난 2016년에 피터 와그너는 세상을 떠났습니다. 그가 앞장서 일으킨 신사도운동이 거짓복음운동이었다는 사실을 이제 신사도운동에 빠진 사람들이 아니면 대부분 인정하고 있습니다. 피터 와그너는 교회성장학 분야의 최고 전문가로서 유래를 찾기 힘든 대단한 명성을 누렸던 사람입니다. 그가 생전에 저술한 책들의 수가 거의 80여권에 이르고, 그 대부분 책들이 일찌감치 번역되어 한국교회에 깊은 영향을 미쳤습니다. 신학교 교수로서 누구와도 비교할 수 없는 성공과 큰 인기를 누렸던 피터 와그너를 생각하면, 예수 그리스도께서 하신 경고의 말씀이 생각납니다.

> "나더러 주여 주여 하는 자마다 다 천국에 들어갈 것이 아니요 다만 하늘에 계신 내 아버지의 뜻대로 행하는 자라야 들어가리라 그 날에 많은 사람이 나더러 이르되 주여 주여 우리가 주의 이름으로 선지자 노릇하며 주의 이름으로 귀신을 쫓아내며 주의 이름으로 많은 권능을 행하지 아니하였나이까 하리니 그 때에 내가 그들에게 밝히 말하되 내가 너희를 도무지 알지 못하니 불법을 행하는 자들아 내게서 떠나가라 하리라"마 7:21-23.

주님의 말씀을 보면, 거짓복음운동에 크게 쓰여지는 사람들은 결코 자신이 하나님과 교회에 해를 미친다고 생각하지 않는 것 같습니다. 오히려 자신들을 향한 신학적 비판을 장차 하늘에서 받을 상급의 증거로 여기고 있는 것 같습니다. 참 복음과 거짓 복음의 영적인 긴장과 싸움의 문제는 세상의 그 어떤 종류의 갈등과 분쟁보다 해결하기 어렵습니다. 세상의 사기꾼들은 자신이 남에게 해를 미치는 거짓된 사람임을 스스로 압니다. 그러나 거짓 영에게 붙들린 영적인 사기꾼들은 전혀 그렇지 않습니다. 예수님의 말씀을 보면, 주님 앞에 서는 날이 되기 전까지 영적인 사기꾼이 자신의 잘못을 전혀 인식하지 못하는 것 같습니다.

신사도운동의 거두 피터 와그너도 그랬던 것 같습니다. 피터 와그너가 우리에게 미친 악 영향을 수습한다는 것은 불가능해 보입니다. 이제서야 피터 와그너의 비성경적인 사상과 신학을 정리한 이 책이 나오는 것은 '소 잃고 외양간 고치는 격'도 아니라 '소 죽고 외양간 고치는 격'이라 할 수 있습니다. 시기적으로도 늦었고, 피터 와그너와 그의 추종자들이 전파하는 미혹의 물결의 힘에 너무도 크고 강하기 때문입니다.

너무도 부족하고 힘도 없으나, 오직 하나님의 종으로서 해야 할 일이라 생각하고 이 책을 냈습니다. 일반 출판업체들이 기피하는 내용이 많이 담긴 이 책을 나오도록 힘써주신 분들에게 깊이 감사드립니다.

바른믿음 / 바른믿음 아카데미 대표 정이철 목사

제 1장
# 피터 와그너와
존 윔버

"나의 신앙의 변화에 큰 영향을 미친 한 사람은
빈야드운동의 선두주자인 존 윔버이다.
나는 볼리비아 선교사 사역을 마치고 플러신학교의
교수 사역을 시작했고, 그곳에서 교회성장학을 가르쳤다.
그곳에서 만난 존 윔버가 나에게 오순절운동 교단에 속하지
않았으면서 2,000년 전에 이미 끝난 것으로 생각했던
성령의 은사들 안에서 사역하는 방법에 대해 알도록 도와주었다.
존 윔버와 나는 플러신학교에서 어떻게
현대의 초자연적인 성령의 기사와 이적이 교회성장을
이루어가는 지에 대해 연구하는 과목을 가르쳤다."

ans off your ...

...ee. If you want to go to B...

...me, you may do so, and I...

...f you. But if you don't w...

...don't have to. You have the...

...try to choose from," and I...

...herever you wish.' When I did not answer...

...sack, "Go ...

...ndson of...

...the towns of...

With hi... you may go anywhere...

think ya... re among...

present and some food to take wi...

should." Then he gave m...

and let me go on my way. 6 I went to stay...

with Gedaliah and lived...

among the people who were left in the...

land.

### Gedaliah, Governor of Judah
(2 Kings 25.22-24)

"Some of the Judean of...

...had not surrer...

# 피터 와그너와
## 존 윔버

교회사 2,000년 역사는 끊임없는 사탄의 세력의 도전과 하나님의 사람들의 응전의 연속이었다. 사탄은 하나님의 교회를 성경으로부터 멀어지게 하려고 수많은 거짓 복음과 속임수들을 만들었다. 그 중에서 2,000년대부터 본격적으로 시작된 신사도운동 사상은 다른 어떤 것보다 하나님의 교회에 큰 해를 미쳤다.

신사도운동이 전 세계에 순식간에 퍼지도록 만든 가장 큰 역할을 했던 사람은 누구일까? 그는 오랜 동안 미국의 플러신학교Fuller Theological Seminary의 교수였던 피터 와그너C. Peter Wagner, 1930~2016이다. 피터 와그너를 빼고 신사도운동에 관해 이야기할 수는 없다. 그가 신사도운동을 전파하기 위해 했던 일들은 너무도 많다. 한 마디로 말하자면, 신사도운동은 피터 와그너의 일평생의 신앙과 신학의 결론이다.

신사도운동의 정식 명칭은 "신사도개혁운동"New Apostolic Reformation이다. 이 명칭을 고안한 사람은 피터 와그너이다. 피터 와그너는 신사도운동이라는 용어를 자신이 고안했다는 사실을 다음과 같이 설명했다.

> "하나님이 이 시대의 교회를 위해 주신 '새로운 포도주 가죽 부대'를 호칭하기 위해 내가 고안한 명칭은 '신사도운동'이다. 우리는 지금 현재 종교개혁 이후 교회에서 일어나는 최고의 급진적인 변화를 목격하고 있다는 측면에서 지금 벌어지고 있는 일들은 '개혁'이다. 다시 등장한 사도의 직분과 은사에 대한 새로운 인식은 지금까지 교회에서 일어난 모든 변화들 중에서 가장 혁명적인 변화이므로 사도적이라고 말 할 수 있다. 이전에 일어났던 전통적인 교회들의 사도적 개념과 다르므로 새로운 사도적 개혁운동이다." C. Peter Wagner, *Apostles Today* (Ventura, CA: Regal Books, 2006), p. 9.

피터 와그너가 고안한 '신사도개혁운동'이라는 이 용어는 이미 세계에 널리 알려졌고, 교회의 역사에도 이미 선명하게 기록되었다. 이 사실 하나만 보아도 피터 와그너와 신사도운동의 관계가 어떤지 잘 알 수 있다. 신사도운동은 피터 와그너의 새로운 신앙운동이고, 피터 와그너의 주장과 이론을 빼고 신사도운동을 이야기한다는 것은 불가능하다.

피터 와그너는 1930년에 뉴욕에서 출생했고, 캘리포니아의 대학에서 문화인류학을 공부하였다. 1956-71년까지 볼리비아Bolivia에서 South Africa Mission라는 선교단체에 소속한 선교사로 활동하였다. 1971년부터 30년 동안 플러신학교Fuller Theological Seminary의 세계선교학교School of World Mission의 교회성장학과 교수로서 세계적인 명성을 누리면서 80여권의 책을 저술했다. 그러나 그가 신사도운동 신학을 전개하면서 동료 교수들과 신학적인 마찰을 일으켰고, 결국 2001년에 플러신학교 교수직에서 썩 즐겁지 않게 은퇴하였다.

비록 플러신학교에서 은퇴하였으나 1998년에 설립된 'Wagner Leadership Institute'를 통하여 피터 와그너의 강의와 활동은 계속 활발하게 이어졌다. 만일 우리 주변에서 벌어지는 부흥회나 특별한 세미나에 강사로 오는 사람의 이력에서 'Wagner Leadership Institute' 또는 약자로 'WLI'이라는 단어가 발견되면 그 사람이 신사도운동가라는 사실을 곧 바로 알아 차려야 한다. 왜냐하면 그 사람은 피터 와그너의 신사도운동 신학을 가르치는 학교에서 공부한 사람이기 때문이다. 피터 와그너가 한국 교회에 신사도운동을 확산시키기 위해 세운 기관의 이름은 'WLI Korea'이고, 경기도 가평군 설악면에 위치하고 있다. 2016년 말 한국에 방문했을 때 나는 바쁜 일정 속에서도 특별히 시간을 내어 그곳에 찾아가 보았다. 마치 그때 이 학교의 석사 과정에서 신사도운동 신학을 배우고 있는 많은 목회자들을 만날 수 있었다. 특이한 사실은 그 학생들 가운데 여성 목회자들의 비율이 한국 교회의 다른 신학교들의 상황에 비하여 현저하게 높다는 것이다. 그 학교 학생의 약 2/3는 여성이었다. 이 학교의 운영을 책임지고 있는 총장은 한국 교회에서 매우 유명한 홍정길 목사의 친 동생인 홍정식 목사이다. WLI Korea 홈페이지(www.wli.
or.kr/sub03_01_01.php, 2013년 2월 19일 확인).

이전에 홍정식 목사에 관한 특이한 내용을 전하는 신문 기사를 보았
다. 홍정식 목사가 조용기 목사 앞에 무릎 꿇고 그 동안 한국의 장로교가
조용기 목사의 성령운동을 훼방하고 이단시한 죄를 용서해 달라고 빌었
다는 내용이었다. 홍정식 목사가 2007년 1월 10일 올림픽공원 체조경기
장에서 열린 큰 규모의 신사도운동 집회 '트랜스포메이션 2007' 행사의
준비위원장이었을 때였다. 홍정식 목사는 그날 설교하려고 온 조용기 목
사 앞에 무릎 꿇고 다음과 같이 장로교회를 대표하여 용서를 빌었다.

> "장로교 목사로서 조용기 목사님의 성령 사역을 이해하지 못하고 정죄
> 했던 것을 용서해 주시기 바랍니다" 정대운, "조용기 목사의 4차원의 영성 이론
> 은 어디에서 왔을까?"(바른믿음, 2017년 12월.23일).

그리고 얼마 후 홍정식 목사는 조용기 목사가 시무하는 여의도 순복
음 교회의 초청을 받아 며칠 동안 설교하였다. 홍정식 목사는 여의도 순
복음교회의 교인들에게 조상들로부터 물려받은 가난의 저주를 끊으라
고 가르쳤다. 가난의 옷을 벗어버리고 '부의 옷'을 입어야 한다고 강조하
며 지금 하나님께서 초자연적인 방식으로 거대한 부를 교회로 이동시키
고 있다고 했다. 당시 신문에는 홍정식 목사가 다음과 같이 설교하였다
고 나왔다.

> "홍 목사는 세상의 물질이 그리스도인들에게로 이동해야 하며, 초자연

적인 부가 교회로 이동하고 있다고 말했다. 많은 사람들이 부를 강조하면 예수님도 가난하게 살지 않았느냐고 말하지만, 피터 와그너의 견해에 따르면 실제로 예수님은 가난하지 않았다는 것이다. '예수님과 요셉이 만들었던 가구는 사람들이 많이 찾았다. 그렇기 때문에 가구가 많이 팔렸을 것이다. 또 예수님은 치유 사역을 했다. 치유 사역하면 헌금이 많이 들어왔을 것이다. 예수님은 가난하지 않았다. 부유했다. 가난은 저주다. 부의 옷을 입어야 한다. 지금까지 여의도순복음교회는 잘해왔다. 더 놀라운 물질의 복을 받아라.'" "홍정식 목사 회개하면 가난의 저주도 끊어진다" (뉴스앤조이, 2007년 2월 6일).

홍정식 목사의 설교 내용은 피터 와그너의 신사도운동 신학의 가르침을 그가 열심히 추종하고 있었음을 보여준다. 홍정식 목사가 여의도순복음교회에서 말한 내용은 피터 와그너의 신사도운동 사상의 하나인 '부의 이동'이라는 이론이다. 피터 와그너는 생전에 신사도운동을 통한 하나님나라 완성을 위해 요셉이 애굽의 총리였을 때 하나님께서 요셉과 애굽에 부를 몰아주신 것처럼, 이제도 하나님께서 신사도운동에 헌신된 교회와 신자들에게 부를 이동하여 주시어 신사도운동으로 세상을 변화시키실 것이라고 가르쳤다.

홍정식 목사는 여의도 순복음교회에서 자신이 마귀를 추방하기 위해 일본을 8번이나 방문하여 기도하였고, 같은 목적으로 미국을 방문하여 동부에서 서부를 횡단하면서 기도하였다고 했다. 그리고 세계에서 가장 높은 교통·사고율을 기록하고 있는 한국의 고속도로에 찾아가서 교통사

고를 일으키는 마귀를 물리치는 기도를 했다고 신문의 기사는 다음과
같이 전했다.

> "홍 목사는 또 영적 전투를 강조했다. 하나님께서 시키셔서 일본을 변
> 화시키기 위해 8번이나 가서 기도를 했고, 미국도 동서횡단을 하며 기
> 도했다며, 영적 전투를 하게 되면 악한 마귀들이 다 떠날 것이라고 했
> 다. 또 한국이 교통사고율 1위를 기록할 당시 전국의 고속도로를 다니
> 며 교통사고를 일으키는 사탄을 없애달라며 기도를 했다고 말하기도
> 했다. 홍 목사는 하나님의 전신갑주를 입고 하나님이 시키시는 영적전
> 투를 해야 한다고 강조했다. 기도하며 주의 나라가 임하기를 구하자고
> 했다." 앞의 글.

홍정식 목사의 이런 내용의 설교는 특정 지역에 근거지를 틀고 지속
적으로 악한 통치력을 행사하는 귀신들을 결박함으로써 사회적인 치유
와 영적인 부흥을 일으킬 수 있다고 가르치는 피터 와그너의 신사도운
동의 실천신학인 '통치신학'dominion theology의 핵심적인 내용이다. 홍정
식 목사가 총장으로 있는 피터 와그너의 신사도 신학교 한국지부 WLI
Korea에서 피터 와그너의 신사도 사상을 한국 교회 속에 부지런히 전파
하고 있음을 알 수 있다. 어떤 인터넷 싸이트에 다음과 같은 질문이 올라
와 있는 것도 보았다.

> "저희 어머니가 좋아하는 어떤 목사님이 WLI이라는 곳을 수료하셨다
> 고 하시더라고요. 그 WLI이라는 곳이 피터 와그너 목사님이 설립하신

곳이라던데, 어떤 곳인지 자세히 알고 싶어요. 그리고 피터 와그너 목사님과 WLI이 하는 사역은 구체적으로 무엇이 있나요? 좋은 답변 많이 부탁드립니다." http://k.daum.net/qna/view.html?qid=3vVKw(2013년 2월 19일 확인).

한국 교회에 이렇게 큰 영향을 미치고 있는 신사도운동의 대표 피터 와그너는 생전에 80권 이상의 책들을 저술하였고, 신속하게 한국어로 번역되어 많은 목회자들과 선교사들에게 큰 영향을 미쳤다. 오래 전부터 한국 교회 속에는 플러신학교에서 유학한 목회자들이 많았고, 그 중에는 유명한 대형교회를 담임하고 있는 목회자들도 매우 많다. 그래서 피터 와그너의 신사도운동은 순식간에 한국교회 속으로 스며들 수 있었다. 특히 여의도 순복음교회의 조용기 목사가 공개적으로 피터 와그너를 위대하고 자랑스럽게 소개하였으므로 신사도운동은 더욱 급속하게 한국교회에 전파되었다. 당시 조용기 목사는 피터 와그너를 여의도 순복음 교회 성도들에게 이렇게 소개하였다.

"피터 와그너 박사님은 저와 굉장히 절친한 목사님이십니다. 플러대학교 선교학과 주임교수로 계시면서 세계성령운동, 제 3의 물결에 대해서 강하게 이론을 펼쳐주셔서 성령운동의 선두에서 일하시는 귀한 주의 종입니다. …… 그는 기도운동으로써, 신사도개혁운동의 선봉장으로서 열심히 일하고 있는데, 굉장히 영향력이 강한 세계적인 기독교 지도자 중의 한 분이십니다" http://blog.daum.net/7gnak/15715256(2013년 2월

이때 조용기 목사가 언급한 '제 3의 물결'이라는 것이 피터 와그너의 신사도운동을 의미하는 다른 이름인데, 다양한 거짓 영들의 장난을 성령의 역사로 미화하여 교회들이 문을 활짝 열고 환영하게 만든 거짓 이론이다. 제 3의 물결이라는 이론 때문에 많은 사람들이 사악한 영들의 장난을 분별하지 못하고 오히려 이전과 달리 새로운 성령의 역사하시는 방법이 일어났다고 생각하게 되었다. 과연 지금 조용기 목사는 자신도 연류되었던 그런 잘못된 것에 대해 조금이라도 깨달았을까? 여전히 이전과 다른 새로운 성령의 역사하심의 물결이 일어났다고 믿고 있을까?

조용기 목사는 피터 와그너를 '신사도개혁운동을 주도하는 선봉장'이라고 소개하였다. 이 말을 들었던 많은 신자들이 피터 와그너와 신사도운동에 대해서 어떻게 생각하였을까? 신사도운동이 대단한 성령의 역사를 일으키는 좋은 운동이라고 여기게 되었을 것이다. 그리고 바른 신앙의 분별력을 가지고 신사도운동을 물리치려 노력하는 사람들을 볼 때 하나님의 역사하심을 거역하는 완악한 사람이라고 여기게 되었을 것이다. 조용기 목사 같은 유명한 사람이 공개적으로 피터 와그너를 칭찬하고 높였으므로 신사도운동과 피터 와그너를 경계하는 사람들의 입장은 더 힘들어졌다. 조용기 목사 외에도 피터 와그너와 친분 깊었던 인천의 주안장로교회의 나겸일 목사, 광림교회의 김선도 목사, 금란교회의 김홍도 목사, 한국대학생선교회의 대표였던 김준곤 목사 등의 한국 교회의 유명한 사람들이 피터 와그너를 자랑하고 추켜세웠다. 옥한흠 목사가 은퇴하기 전에 사랑의 교회에서도 피터 와그너의 신사도운동에 관한 세미나가 열렸던 것으로 기억난다. 아마 무슨 내용인지 잘 몰라서 그랬던 것 같다. 상황이 이러했으므로 한국 교회 안에서 피터 와그너의 위험한 신학을 경계하며 연구하는 작업이 일찍 일어날 수 없었다.

## 1. 피터 와그너의 변화

피터 와그너는 처음부터 이러한 신앙과 신학노선을 가진 사람이었을까? 피터 와그너의 사상의 위험성이 드러나자 플러신학교의 동료 교수들이 크게 문제를 제기하였다. 특히 피터 와그너가 신사도운동의 핵심 사상인 '영적도해'Spiritual Mapping와 '영적전쟁'Spiritual Warfare 이론을 발전시키자 플러신학교의 동료 교수들이 그 내용이 성경적이지 않다면서 심각한 의문을 제기하기 시작했다. 결국 피터 와그너는 플러신학교로부터 해임되는 상황에까지 가지는 않았으나, 유명한 교수로서의 자존심에 심각한 타격을 입었고 결국 플러신학교 교수직을 사임했다. 훗날 피터 와그너는 신사도운동의 대표 신학자로 활동하면서 그 당시 플러신학교에서 자신이 처했던 상황을 다음과 술회하였다.

"전문적인 학자로서 인생을 사는 동안 나는 학자 세계의 규칙을 따라 일하려고 항상 노력하였다. 내가 결코 이해할 수 없는 규칙들 중 하나는 교수의 정년을 보장하는 것, 즉 교수로서의 어느 정도의 경력을 쌓으면 학교 측이 그 교수를 해고하지 못하게 보호하는 규칙이었다. 비록 나는 이 제도에 대해 이해하지 못했고 동의하지도 않았으나, 플러신학교의 커리큘럼에 영적전쟁Spiritual Warfare 과목을 도입함으로 인하여 나의 교수직이 위협받게 되자 교수의 정년을 보장하는 그 제도에 대해 매우 감사하게 되었다." C. Peter Wagner, *Changing Church* (Ventura, CA: Regal Books, 2004), p. 106.

피터 와그너는 자신이 다른 플러신학교의 동료 교수들로부터 억울한 신학적 시비를 당했다고 여겼고, 자신의 입장을 변명하였다. 자신도 처음에는 '은사중지론'Cessationism을 믿는 사람으로서 플러신학교의 교수 사역을 시작했다고 다음과 같이 말했다.

"나는 은사중지론을 확신하는 신학적 입장에서 교수 사역을 시작했다. 나는 성령의 은사들이 1세기에만 또는 신약의 초기의 교회시대에만 존재하였고, 사도들의 시대가 지나고 성경이 완성되면서 중단되었다고 믿었다."앞의 글.

은사중지론은 종교개혁자들의 가르치고 전개한 신학을 기독교 신앙의 핵심적인 토대로 여기는 교회들이 매우 중시하는 사상이다. 은사중지론의 핵심은 하나님께서 보내신 예수 그리스도가 구세주라는 진리를 계시하는데 사용된 특별한 성령의 은사들과 사도적인 이적들이 사도들의 시대 이후 중지되었다는 것이다. 모든 은사들이 다 없어졌다는 것이 아니고 예수 그리스도가 하나님의 아들이심을 증거하여 교회를 세우는데 크게 공헌했던 특별한 성령의 은사들과 성령의 특별한 이적들이 더 이상 나타나지 않는다는 뜻이다. 하나님의 특별계시가 내포되었거나 특별계시를 보충 설명하는 기능을 가진 은사들과 이적들이 중지되었다. 은사 중지론의 성경적인 근거를 예수님의 말씀에서 분명하게 찾을 수 있다.

"요한이 옥에서 그리스도께서 하신 일을 듣고 제자들을 보내어 예수께 여짜오되 오실 그이가 당신이오니이까 우리가 다른 이를 기다리오리이까 예수께서 대답하여 이르시되 너희가 가서 듣고 보는 것을 요한에게 알리되 맹인이 보며 못 걷는 사람이 걸으며 나병환자가 깨끗함을 받으며 못 듣는 자가 들으며 죽은 자가 살아나며 가난한 자에게 복음이 전파된다 하라 누구든지 나로 말미암아 실족하지 아니하는 자는 복이 있도다 하시니라" 마 11:2-6.

감옥에 갇힌 세례 요한이 과연 예수 그리스도가 하나님이 예언하신 메시야이신지 확인하기 위해 제자들을 보내어 "오시겠다고 예언된 메시야가 바로 당신입니까?"라고 질문하였다. 예수님은 세례 요한에게 자신의 복음전도 사역을 통하여 나타나고 있는 놀라운 성령의 이적들을 보라고 하셨다. 그것을 보고 자신이 구약에서 예언된 그리스도임을 확신하라고 답하셨다. 태어날 때부터 맹인이었던 사람이 치유되고, 그 당시 전혀 고칠 수 있는 길이 없었던 한센병이 낫고, 심지어 죽은 사람도 다시 살아나는 기적들이 예수 그리스도가 구약 성경이 예언한 메시야라는 것을 증명하고 있다고 가르치신 것이다.

성경의 초자연적인 기적들은 예수 그리스도가 하나님이심을 강력하게 증거하였고, 예수 그리스도를 믿는 사람이 나타나게 하여 교회를 세우는데 크게 기여하였다. 하나님이 성경의 특별한 이적들을 허락하신 이유는 바로 그것이었다. 그리고 성경 66권의 완성되어 교회에 주어졌으므로 더 이상의 말씀의 계시도 필요하지 않게 되었다. 예수 그리스도를 직접 증거하고 선포하는 것과 관련된 성령의 특별한 이적들과 은사들이 자연스럽게 사라졌다는 것이 은사중지론이다. 여러 형태의 은사주의자들, 신사도운동가들, 그리고 다양한 신비주의자들이 자신들의 체험을 근거로 은사중지론을 부정하고 있으나, 그들에게서 나타나는 열매들이 그들의 신앙이 성경적이지 못함을 드러내고 있다.

피터 와그너는 방언, 예언 등 초대교회의 계시적인 은사들에 관한 이와 같은 정통 교회의 신학 입장을 지지하면서 플러신학교의 교수 사역을 시작했으나, 플러신학교에서 오순절 교회의 성장을 연구하면서 방언과 예언에 열린 자세를 가지게 되었다. 그리고 신사도운동으로 기울어진 후에는 방언과 방언통역, 그리고 예언의 은사를 통하여 지금도 하나님의 계시가 지속되고 있다고 주장하기 시작했다. 신사도운동 신학자가 된 후 그는 지금도 세 가지 계시적인 은사들을 통해 계시가 지금도 나타난다고 다음과 같이 주장했다.

"예언, 방언, 방언 통역의 은사는 자연적으로 한 그룹으로 모아진다. 왜냐하면 다른 은사들과는 달리 이 은사들은 계시적인 은사로 불리우기 때문이다. 이것은 하나님으로부터 새로운 정보information들이 계시적인 은사를 가진 사람들을 통하여 인간에게 직접 전달되어지는 것을 의미한다. 일련의 계시들이 실제로 나타나고 있다." C. Peter Wagner, *Your Spiritual Gift Can Help Your Church Growth*,(Ventura, California. Regal Book, 2005) pp. 212-13.

대체 피터 와그너의 신학과 사상의 이러한 변화는 왜 일어났을까? 가장 큰 요인은 빈야드운동Vineyard Movement의 창시자 존 윔버와 만남과 교제 때문이었다. 존 윔버John Wimber, 1934-1997의 빈야드운동을 체험하면서 피터 와그너의 신학이 급격하게 변질되었다. 피터 와그너는 자신의 신학과 변화의 과정에 가장 큰 영향을 미친 사람이 존 윔버라고 다음과 같이 술회하였다.

"나의 신앙의 변화에 큰 영향을 미친 한 사람은 빈야드운동의 선두주자인 존 윔버이다. 나는 볼리비아 선교사 사역을 마치고 플러신학교의 교수 사역을 시작했고, 그곳에서 교회성장학을 가르쳤다. 그곳에서 만난 존 윔버가 나에게 오순절운동 교단에 속하지 않았으면서 2,000년 전에 이미 끝난 것으로 생각했던 성령의 은사들 안에서 사역하는 방법에 대해 알도록 도와주었다. 존 윔버와 나는 플러신학교에서 어떻게 현대의 초자연적인 성령의 기사와 이적이 교회성장을 이루어가는 지에 대해 연구하는 과목을 가르쳤다." C. Peter Wagner, *Changing Church*, p. 107.

피터 와그너가 주장한 '제 3의 물결'이라는 이론은 존 윔버가 추진했던 빈야드운동을 보면서 새로운 성령의 역사가 나타난다고 오해했기 때문에 생겨난 이론이다. 피터 와그너는 존 윔버와 교제하면서 그의 사역의 현장에서 나타나는 여러 종류의 신기한 현상들을 직접 목격하였다. 존 윔버를 통해 일어나는 새로운 성령의 역사하심을 보고 새로운 방식의 성령의 역사하심이 시작되었다고 오판했다.

성령의 기적들을 집중적으로 일으키면 불신자들을 더 많이 전도하여 신속한 교회성장을 이룰 수 있다고 존 윔버는 생각했다. 그 당시 세계의 교회는 이미 심각하게 침체되고 있었기 때문이었다. 존 윔버의 빈야드운동을 대표하는 '능력전도'Power Evangelism라는 슬로건은 상당히 멋있어 보였다. 존 윔버가 예배 중에 사람들을 강대상 앞으로 나오게 하여 안수기도하면 실제로 질병의 치유가 일어나기도 했다. 존 윔버는 사람들이 그것 때문에 예수님을 빠르게 믿게 된다고 주장하였고, 그 전략을 능력전도라고 했다. 피터 와그너는 존 윔버의 능력전도가 펼쳐지는 사역의 현장에 자주 방문하여 직접 목격하며, 모든 일들이 하나님께서 일으키시는 이적이라고 믿었고, 이전과 다른 모양의 새로운 성령세례 방식이 등장했다고 결론 내렸다. 피터 와그너가 주장한 '성령의 제 3의 물결'은 그렇게 등장했다.

사람들은 존 윔버가 피터 와그너로부터 더 많은 영향을 받았을 것이라고 생각한다. 1997년에 뇌종양으로 사망한 존 윔버 보다 피터와그너가 3살 연장자였고, 더 유명한 교수였기 때문이다. 1975년, 존 윔버는 플러신학교에서 가장 인기 있었던 피터 와그너 교수의 목회학 박사 과정D. Min의 학생이었다. 그러나 그 당시 존 윔버는 피터 와그너의 수업에 참여하는 흔한 학생들 중의 한 사람이 아니었다. 존 윔버는 이미 요르바 린다 교회Yorba Linda Church를 크게 성장시켜서 이름이 널리 알려진 유명한 목사였다. Peter C. Wagner, *How to Heave A Healing Ministry Without Making Your Church Sick* (Ventura, CA: Regal Book, 1988), p. 45. 그리고 존 윔버는 1974년에 플러신학교에서 피터 와그너가 중심이 되어 설립한 "전도와 교회성장을 위한 찰스 플러 연구소"Charles E. Fuller Institute of Evangelism and Church Growth가 설립될 때 이미 요직을 맡았다. John Wimber - Wikipedia. 그 정도로 존 윔버는 이미 미국에서 상당히 영향력 있는 유명한 목사였다.

사실상 존 윔버가 피터 와그너에게 더 많은 영향을 미쳤다는 사실이 피터 와그너의 여러 책들에서 발견된다. 두 사람의 사이에서 영적인 멘토의 위치에 있었던 사람은 피터 와그너가 아니라 존 윔버였다. 다음은 피터 와그너가 자신의 책에서 존 윔버에 대해 말한 내용이다. 두 사람의 관계를 잘 알 수 있게 해 준다.

"세계기도대회the World Prayer Assembly가 열리던 무렵에 알아차릴 수 없을 정도로 기도에 대한 나의 자세가 변하기 시작했다. 그 당시 나는 교회성장과 성령의 기사와 이적들의 관계를 연구하는 영역 안에서 나의 스승mentor 존 윔버와 긴밀하게 협력하고 있었다. 나는 그 무렵 나의 다음 단계의 중심적인 사역이 기도라는 것, 그리고 불신자들에게 복음을 전하는 것과 기도 사역이 어떤 관련이 있는지에 대한 하나님의 음성을 듣기 시작했다." C. Peter Wagner, *Confronting The Powers* (Ventura, CA: Regal Books, 1996), p. 16.

피터 와그너는 자신의 책에서 원래 일반적인 복음주의자a Bible-believing evangelist christian였던 자신의 신학이 어떻게 신사도운동 사상으로 전환되게 되었는지에 대해 다음과 같이 설명하였다.

## 1) 인도 선교사 스텐리 존E. Stanley Jones

첫 번째 계기는 60년대 후반 인도에서 사역하였던 유명한 감리교 선교사 스텐리 존의 기도를 통해 자신의 목의 질병이 치유된 경험이었다. 곧 수술을 받도록 예정되어 있었을 정도로 피터 와그너의 목의 상태는 매우 심각했다. 그런데 그 선교사의 기도로 기적적인 치유가 일어났다. 피터 와그너는 그 일을 통하여 그때까지 가지고 있었던 자신의 신학적 고정관념이 흔들리기 시작하였다. 그는 그 사건을 이렇게 표현하였다.

> "최초로 나의 기존의 신학에 균열이 일어나기 시작했다." C. Peter Wagner, *The Third Wave of Holy Spirit* (Ann Arbor, Michigan: Vinebook, 2008), p. 22.

피터 와그너가 스텐리 존 선교사의 기도를 통해 치유를 경험했다는 것 때문에 자신의 신학이 흔들렸다는 말을 이해할 수가 없다. 피터 와그너가 "기존의 신학에 균열이 일어나기 시작했다"라고 말하는 것은 곧 '은사중지론'에 대한 의심이 일어났다는 것이다. 많은 사람들이 은사중지론을 "이제 더 이상의 모든 성령의 역사하심이나 성령의 은사가 없다"

는 것으로 잘못 이해하고 있다. 그것은 은사중지론에 대한 오해이다. 은사중지론의 핵심은 더 이상의 계시가 없다는 것이다. 성경 66권으로 계시가 종결되었으므로 계시를 내포하는 은사들과 성령의 특별한 이적이 일어나지 않는다는 것이 은사중지론이다.

은사중지론을 따르는 많은 사람들이 지금도 하나님께서 우리를 긍휼히 여기심으로 질병의 치유가 일어날 수 있음을 믿고 기도한다. 다만 죽은 사람의 회생, 맹인으로 태어난 사람이 앞을 보게 되는 기적, 태어날 때부터 정상적으로 걸을 수 없는 장애를 안고 난 사람이 정상으로 회복되는 기적 등, 창조주 하나님이 아니시면 할 수 없는 창조 사역에 버금가는 이적이 더 이상 일어나지 않는다고 본다. 그런 기적은 오직 창조주 하나님만이 행하실 수 있는 일이고, 초대교회 사도들이 예수 그리스도를 증거하는 현장에서 하나님이 그런 일을 일으키셨다는 것은 사도들이 증거하는 예수 그리스도가 구약의 창조주이시고, 또한 하나님이 보낸 구세주라는 사실을 확증하여주시는 특별계시적 이적이었기 때문이다. 다음 말씀이 이 사실을 증거하고 있다.

"요한이 옥에서 그리스도께서 하신 일을 듣고 제자들을 보내어 예수께 여짜오되 오실 그이가 당신이오니이까 우리가 다른 이를 기다리오리이까 예수께서 대답하여 이르시되 너희가 가서 듣고 보는 것을 요한에게 알리되 맹인이 보며 못 걷는 사람이 걸으며 나병환자가 깨끗함을 받으며 못 듣는 자가 들으며 죽은 자가 살아나며 가난한 자에게 복음이 전파된다 하라 누구든지 나로 말미암아 실족하지 아니하는 자는 복이 있도다 하시니라"마 11:2-6.

만일 지금도 죽은 사람이 다시 살아나는 기적을 하나님께서 일으키신다면 참으로 좋겠으나, 예수 그리스도가 구세주이심을 하나님께서 친히 선포하여 주신 그와 같은 특별계시 이적은 이제 더 이상 일어나지 않는다. 특별계시가 성경 66권으로 완성된 후에는 그런 이적이 어디에서도 나타나지 않았다. 선교지에서는 종종 나타난다는 보고가 있으나 모두 뜬구름 잡는 이야기와 같고, 믿을 수 있는 구체적이고 객관적인 증거는 보고되지 않고 있다.


2) 도날드 맥가브란Donald MaGavran


피터 와그너의 신학의 변화의 두 번째 계기는 그가 플러에서 만난 스승 도날드 맥가브란 교수의 지도를 받으며 교회성장에 관한 연구에 매진하던 때에 일어났다. 피터 와그너는 오순절 교회들의 성장에 대해서 연구하였고, 오순절 교회들의 놀라운 성장 사례들이 자신의 기존의 신학의 틀을 흔들었다고 다음과 같이 말했다.

"나의 신앙의 변화는 60년대 후반, 내가 도날드 맥가브란 교수의 지도 하에 교회성장에 대해 연구하고 있을 때 일어났다. 내가 이전에 선교 사로 사역했었던 라틴 아메리카의 건강하고 활력적으로 성장하는 교회들이 대부분 오순절 교회들이었다는 사실을 부정할 수가 없었다. 하나님께서 오순절 교회들에게 은혜를 주셨다는 사실은 너무 분명하였으므로 나는 오순절 교회들의 신앙과 신앙의 실천적 측면에 놀라운 교회성장의 타당한 이유가 있을 것이라는 사실을 부정할 수 없었다." C. Peter Wagner, *Changing Church*, pp. 106-07.


## 3) 오순절 교단의 지도자들


피터 와그너의 신학의 변화의 세 번째 계기는 70년대 중반에 클리브랜드 주 테네시의 오순절교단the Church of God 교회들과 동역하면서 일어났다. 그 교단의 지도자들이 교회성장의 원리를 배우기 위해 피터 와그너를 초청하여 강의하게 하였는데, 이때 피터 와그너는 오순절운동을 실질적으로 접하였다. 피터 와그너는 자신의 책에서 이 당시 강사료를 지불하는 사람들은 오순절교단의 지도자들이었지만, 사실 자신이 강사료를 내야 할 정도로 많은 것을 그들에게서 배웠다고 회고하면서 그때 자신도 오순절교회 신자가 되고 싶은 소망을 가지게 되었다고 훗날 다음과 같이 말했다.

"나는 그들을 만날 때마다 나는 영적으로 변화되고 새로워졌다. 나 자신도 오순절교회 신자가 되었으면 하는 마음이 그때 생겼다. 클리브랜드의 오순절교단 지도자들과의 만남이 끝나갈 즈음에 하나님께서 나

의 인생의 미래에 뭔가 새로운 일을 하실 것이라는 강한 느낌이 일어
났다." C. Peter Wagner, *How to Have A Healing Ministry Without Making Your
Church Sick*, pp. 46-47.


### 4) 존 윔버의 빈야드운동

피터 와그너의 신학이 가장 결정적으로 변하게 된 마지막 네 번째 계
기가 된 것은 존 윔버의 빈야드운동이다. 피터 와그너는 개혁교회가 이
단으로 여기는 퀘이커교회의 목사이기도 했던 존 윔버와의 만남을 통해
자신의 신앙의 큰 변화가 일어났다고 다음과 같이 말했다.

"나의 신앙의 변화를 일으킨 네 번째 가장 결정적인 계기는 존 윔버와
의 만남이다. 1975년에 존 윔버를 처음 만났는데, 당시 그는 퀘이커교
회의 목사였으며 플러의 목회학 박사과정D.Min의 나의 과목 '교회성
장학'에 수강신청한 학생이었다. 존 윔버는 이미 요르바 린다 프랜드
교회Yorba Linda Friends Church에서 일어난 놀라운 교회성장으로 인해 대
단한 명성을 누리고 있는 사람이었으므로 나는 수강신청한 학생명단
을 보고 그의 이름을 금방 알 수 있었다. 우리는 금방 친한 사이가 되었
고, 수업이 시작되고 한 주 후에 그는 나에게 다음과 같이 말했다.

'나는 이미 당신이 이 학교에서 가르치고 있는 내용을 다 알고 경
험하고 있었다. 그러나 단지 그것을 어떻게 말하고 표현해야 하는

지를 몰랐을 뿐이다.'

두 번째 주가 끝나갈 때 나는 존 윔버에게 교회성장 전문가 또는 상담
자로서의 특별한 안목이 있는 것을 알게 되었다. 그는 나에게 매우 필
요한 사람이었다." 앞의 글, p. 47.

1970년대 중반에 피터 와그너는 존 윔버를 처음 만났을 때, 존 윔버
는 자신의 집에서 소수의 사람들과 더불어 새로운 개척교회를 시작하고
있었고, 나중에 이 교회가 6,000명으로 성장하여 빈야드운동의 중심지
가 되었다. 존 윔버와 친해진 피터 와그너는 그 과정을 가까이서 생생하
게 지켜보았다. 피터 와그너는 존 윔버 목사가 이전까지 교회들에게서
나타나지 않았던 새로운 형태의 성령의 역사들과 이적들을 일으키는 것
을 보았고, 그의 작은 개척 교회가 단 시간에 초대형 교회로 성장되는 것
을 보면서 많은 도전을 받았다. 존 윔버의 사역을 지켜보면서 피터 와그
너는 성령께서 이전과는 전혀 다른 새로운 방식으로 일하시기를 시작하
였다고 확신했다. 존 윔버의 빈야드운동을 통하여 많은 병든 사람들이
치유되고, 귀신들이 추방되는 일이 일어나는 것을 보았다. 그것이 하나
님께서 새롭고 놀라운 성령의 물결을 일으키셨다고 믿게 되었다. C. Peter
Wagner, *The Third Wave of Holy Spirit*, p. 24.

존 윔버와의 교제를 통해 커다란 신학적인 변화를 경험한 피터 와그
너는 돌이킬 수 없는 깊은 수렁으로 빠져들기 시작했다. 훗날 피터 와그
너는 자신의 신앙의 변화를 준 그 이전의 모든 일들은 하나님께서 존 윔
버를 만나게 하시려고 준비하는 과정이었다고 다음과 같이 말하였다.

"이 모든 일들은 하나님께서 나를 새로운 성령의 물결을 구경하는 사람이 아니라 참여하는 사람이 되게하려고 귀하게 사용하는 존 윔버와 만남을 준비시키는 과정이었다." 앞의 글, p. 23.

존 윔버와 친해지고 그의 특이한 영성에 깊이 매료된 피터 와그너는 존 윔버가 플러신학교의 목회학 박사 과정에서 빈야드운동 사상에 대해 강의할 수 있도록 길을 열었다. 80년대 초반에 플러신학교에서 진행된 존 윔버의 그 수업을 통해 피터 와그너 자신도 결정적인 영향을 받게 되었다. 훗날 피터 와그너는 다음과 같이 회고했다.

"나의 영적인 변화의 여정의 가장 중요한 부분은 1970년대 중반에 시작된 존 윔버와의 친분에서 시작되었다. 그때 존 윔버는 교회성장학 분야의 임시교수adjunct professor였다. 1981년 존 윔버는 성령의 이적과 교회성장에 관한 새로운 강의를 학생들에게 제공하자고 제안했다. 나는 동의하였다. 그리고 그 구상은 잘 추진되어 플러신학교의 세계선교학교School of World Mission에서 존 윔버를 초청하여 1982년부터 그 분야에 관한 경험적인 강의를 하도록 하였다." 앞의 글, p. 27.

당시 플러신학교에서 진행되었던 존 윔버의 과목의 코드 넘버는 MC510이었다. 그리고 그 과목의 명칭은 '기사와 이적과 교회성장'Signs, Wonders and Church Growth이었고, 그 다음 해에 "기적들과 교회성장"The Miraculous and Church Growth라고 명칭이 바뀌었다.앞의 글, p. 24. 당시 외부에는 그 강의를 피터 와그너와 존 윔버가 함께 인도했다고 알려졌으나 실제로 그 강의를 주도했던 사람은 존 윔버였다. 당시 플러신학교의 학장이었던 로버트 메이여Robert Maye는 플러신학교의 교수회에서 다음과 같이 말했다.

> "많은 신학교의 강의들 중에서 두 개의 강의가 가장 유명해졌다. 하나는 바젤Basel에서 칼 바르트Karl Bart가 강의하는 교의학Dogmatics 강의이고, 또 하나는 이곳 플러신학교에서 존 윔버가 강의하는 MC510이다."
> 앞의 글.

과연 존 윔버가 인도하였던 그 강의에서는 어떤 신학 이론들이 토론되었을까? 훗날 피터 와그너는 그의 책 「The Third Wave of Holy Spirit」에서 그 강의에 대해 다름과 같이 회상하였다.

> "예외 없이 기도할 때마다 하나님께서는 능력을 보고 느낄 수 있는 방식으로 드러내어 주셨다. 많은 학생들이 육체적인 질병을 고침 받았고, 또한 많은 학생들이 정신적, 영적인 치유를 경험했다. 어떤 사람들은 성령으로 충만해졌었다. 어떤 학생들이 처음으로 손을 내 밀어서 다른 병든 사람을 위해서 기도하였고, 그때마다 사람들이 치유되는 것을 보았다. 어떤 사람은 성령의 기름부으심을 받으며 몸이 진동했고, 어떤 사람은 그대로 누워있었다." 앞의 글, p. 28.

피터 와그너가 기술한 존 윔버의 수업의 모습은 오늘 날의 신사도운동 집회 그 자체이다. 당시 존 윔버의 빈야드운동 집회에서 몸을 떨거나 쓰러지는 현상이 많이 나타나는데, 존 윔버와 다른 빈야드운동가들은 이구동성으로 그것을 '성령의 기름부으심'이라고 가르쳤다. 한국교회에서도 이러한 현상이 많이 나타났다. 특히 온누리 교회의 손기철 장로가 이러한 현상을 성령의 기름부으심이라고 강조하고 있고, 그의 치유집회에서 이러한 현상이 많이 나타난다. 사람들이 드러눕거나 의식을 잃는 현상에 대해서 손기철 장로 역시 성령의 기름부으심이 들어가는 현상이라고 주장한다. http://www.newsnjoy.co.kr/news/quickViewArticleView. html?idxno=27160 손기철 장로의 사상과 영적인 배경을 연구하는 많은 전문가들이 공통적으로 손기철 장로가 존 윔버에게서 많은 영향을 받았다고 지적하고 있다. 정이철, 「신사도운동에 빠진 교회」 (서울: 새물결 플러스, 2012), 256–57쪽.

그러나 집회를 인도하는 강사의 손이 닿거나, 그의 안수기도를 받들 때에 쓰러지거나 뒤로 눕는 현상은 결코 성경적이지 않다. 성경은 몸을 가누지 못하거나, 정신이 혼미한 사람에게도 하나님의 치유가 일어나면 그 즉시 스스로 몸을 가누고, 옷을 바르게 입고, 정신이 맑아져서 예절을 갖추게 되는막 5:15 모습에 대해 말씀한다. 멀쩡했던 사람에게 성령이 임하심으로 도리어 몸을 가누지 못하고 정신이 혼미해질 수 있다는 사실에 대해서는 성경은 조금도 지지하지 않는다.

이러한 현상은 마귀의 영이 장난하는 불건전한 은사주의 집회에서 흔하게 일어나는 현상이다. 거짓 사탄의 영의 장난을 부리는 사람들은 '성령 안에서 안식함', '성령에 의해 압도됨' 등의 그럴싸한 말로 그러한 나쁜 일들을 미화한다. 그러나 이런 현상은 미혹의 영들이 무지하고 순진

한 사람들의 정신과 몸을 가지고 장난하거나, 사람들의 몸속으로 거짓된 힘이 들어가거나, 심각한 영향이 미치게 되었음을 뜻하는 일들이다.


## 2. 임파테이션

신사도운동의 여러 모습을 살펴본 바에 의하면 신사도운동가들이 활동하는 집회에 참석하여 지식의 말씀 등의 특이 현상을 경험한 후 신앙의 변질이 일어나게 되는 경우가 매우 많다. '다른 영'고후 11:4의 장난을 경험하면서 오염되고 미혹되기 때문이다. 피터 와그너는 1982년에 플러신학교에서 존 윔버가 인도했던 수업에서 존 윔버가 학생들을 대상으로 빈야드운동의 나쁜 영성을 실습하는 현장에 있었다. 그때부터 피터 와그너의 신학이 급속하게 변질되기 시작했다. 피터 와그너의 모든 심각한 변화들은 존 윔버에게서 빈야드운동의 영향을 받으면서 시작되었던 것이다.

"존 윔버에게서 '영향받았다.'"라는 정도는 피터 와그너에게서 일어난 변화를 설명하기에는 충분하지 못한 표현이다. 존 윔버와 깊은 교제를 나누면서 시작된 피터 와그너의 신앙의 변화를 더욱 충분하게 설명하기 위해서 다른 특별한 전문적인 용어, 개념, 표현을 사용해야 한다. 왜냐하면 '영향 받았다'는 표현은 존 윔버로 말미암아 피터 와그너에게 일어난 영적인 변질의 심각성이 전달되지 못하기 때문이다. 존 윔버를 지배하면서 장난했던 거짓의 영들이 미혹된 피터 와그너를 지배하게 되었기 때문에 일어난 변화이기 때문이다. 그것을 표현하기에 가장 좋은 전문적인 신사도운동의 용어가 있다. 바로 이것이다.

'임파테이션'Impartation

임파테이션이라는 말은 먼저 신사도운동을 일으키는 거짓 영들의 능력을 받은 사람이 또 다른 사람들에게 그 영의 지배를 전파하는 것이다. 그들은 다음과 같은 다양한 표현들을 사용하고 있다.

'기름부으심을 전이한다!'
'성령의 능력을 전달한다!'
'인카운터'

다양하게 표현되고 있으나, 이 말들의 본질은 거짓 영의 능력을 전하여 사람의 영과 인격을 지배하게 만드는 것이다. 신사도운동가들의 과거를 조사하면 그들은 반드시 초기에 다른 누군가로부터 임파테이션을 받았다. 대부분의 신사도운동가들은 먼저 거짓 능력을 받은 사람으로부터 안수기도 등의 모양새로 접촉하여 동일한 거짓 능력을 얻는다. 그리고 이후 그도 성공하여 능력을 부리는 한 신사도운동가가 되어 다른 사람들에게 같은 일을 하기 시작한다. 명색이 신사도운동가라면 임파테이션 받지 못한 사람이 없고 또 다른 사람들에게 임파테이션을 하지 못하는 사람도 없다.

2년 전 피터 와그너가 임명한 거짓 사도 홍정식 목사가 운영하는 피터 와그너의 한국지부 신사도운동 신학교를 직접 방문했다. 경기도 가평군 설악면 설곡리 106-1 번지에 위치하고 있는 이 기관의 영어 이름은 'Wagner Leadership Institute(WLI)'이고 한국어 명칭은 '와그너 사역 연구원'인데, 동일한 장소와 건물을 '설곡산 국제기도센터'라고도 한다. 내가 이곳을 방문하였을 때 마침 점심시간이었다. 약 150-200명 정도로 보이는 학생들이 수업을 마치고 점심을 먹고 있는 중이었고, 그 중의 약 70% 이상이 여성들이었다. 외부 방문자라고 신분을 밝히고 무료로 점심을 얻어먹으며, 옆 테이블에 앉아 있는 5-6명의 여성 학생들과 잠시 대화를 나누었다. 그들은 '임파테이션'에 관하여 이야기하였다. 먼저 성령의 능력을 얻은 사람에게 안수기도를 받아 동일한 성령의 능력을 얻는다는 신사도운동가들의 그릇된 주장이 그곳에서는 정상적인 신학 이론으로 통용되고 있음을 확인했다.

나중에 '와그너 사역 연구원'의 홈페이지를 보니 다음과 같이 소개되어 있었다.

"미국 콜로라도스프링스에 본부를 두고 있는 WLI(와그너 리더십 인스티튜트)는 미국 지역 및 세계 각국에 세워지고 있고, WLI KOREA는 2004년 4월, 세계에서 7번째로 문을 열었다. 2004년 1월, 피터 와그너 박사는 홍정식 목사(과천 하베스트 샬롬교회 담임)를 본부로 초청, 총장으로 임명하였고, 2005년부터 매년 10월, 한국에 방문하여 WLI KOREA 졸업식을 이끌고 있다. 전통적인 신학교의 교육방식과는 완전히 다른 패러다임 위에 세워진 WLI KOREA는 세계 각국에서 하나님께 놀랍게 쓰임 받는 사역자들을 초청, 그들이 가진 최상의 정보를 나눌 뿐 아니라 그들이 갖고 있는 성령의 기름부음을 전수impartation하도록 하는 데 역점을 두고 있다."WLI Korea 홈페이지(www.wli.or.kr/sub01_04.php, 2018.4.2 확인)

WLI KOREA는 안수기도를 수단으로 성령의 능력을 전이하는 임파테이션을 매우 중요하게 여기고 가르치는 학교인 것이다. 사람이 자기에게 있는 성령의 은사와 능력을 안수기도로 다른 사람에게 전이시킨다는 것은 정상적인 교회에서는 통하지 못하는 비성경적인 사상이다. 성령이 무슨 물건인가? 성령이 누구의 종이 되기라도 했는가? 어떻게 사람이 성령의 능력과 은사를 임으로 다른 사람에게 보내어 줄 수 있을까? 그런데 돌아보면 이런 일은 한국교회 안에서 공공연하게 통용되고 있었음을 알 수 있다. 이전의 유명한 부흥사들이 부흥회에 초청되어 가면 으례히 이런 일들을 공개적으로 하였고, 우리들은 그들을 '불의 종'이라며 추앙하였다. 유명한 부흥사들에게 안수기도 받고 거짓 방언 등의 거짓 은사를 경험한 사람들이 너무도 많다.

성령의 능력을 전하는 안수기도를 행하는 가장 대표적인 사람은 여의도 순복음교회 당회장 조용기 목사이었다. 조용기 목사에게 안수기도 받는 것은 마치 하늘의 별 따기와 같다고 했다.

오정현 목사가 국가대표 운동선수들이 좋은 성적을 내도록 그들에게 안수기도했다는 내용을 보았다. 인터넷 상에 오정현 목사가 그렇게 했음을 보여주는 선명한 사진도 있고 영상 파일도 함께 있으니 근거없는 내용이라고 할 수가 없다. 유명한 목사에게 안수기도 받으면 엄청난 힘이 임하여 운동선수들이 더 좋은 경기를 하게되는 것인가? 이방종교의 도력이라면 가능하겠으나 기독교의 안수기도가 그런 능력을 발휘하는 것인가? 이명박 전임대통령도 대통령되기 전에 미국에 가서 어떤 미국인 목사에게 안수받는 모습의 사진이 인터넷에 돌고 있다.

사람들이 이런 일을 하는 이유는 무엇일까? 유명한 사람에게 안수받으면 능력 생기고, 복을 얻고……, 이런 허황된 믿음을 가지고 있기 때문이다. 그리고 실제로 거짓 영의 쓰임을 받는 유명한 목사들에게 안수받으면 거짓된 능력과 은사가 나타나기 때문에 그리하는 것이 아닐까? 임파테이션이라는 것은 이미 오래전부터 한국 교회 안에서 통용되고 있었던 것인데, 단지 그것을 임파테이션이라고 부르지 않았을 뿐이다. 이것이 피터 와그너의 신사도운동 신학에서 성령의 능력을 전이시키는 것으로 신학화된 것이다. '전통적인 신학교의 교육방식과는 완전히 다른 패러다임 위에 세워진' 피터 와그너의 신사도운동 신학교에서는 그것을 성령을 다른 사람에게 전이시키는 임파테이션라면서 공식적으로 홍보하고 가르치고 있다.

모든 신사도운동가들은 거짓 성령의 기름부음, 즉 미혹의 영의 장난을 사람들에게 전파하는 사람들이다. 신사도운동가들은 먼저 누군가로부터 안수기도 등의 형태로 거짓 기름부음을 얻고, 후에 다른 사람들에게 그것을 퍼뜨리는 영적 사기꾼들이다. 이것이 신사도운동의 가장 핵심적이고 실질적인 특징이다. 이 사실을 모르는 사람들은 사도, 선지자, 예언이 등장하지 않으면 신사도운동이 아니라면서 안심해도 된다고 하지만, 그것은 신사도운동에 대해 모르고 하는 말이다.

피터 와그너의 신사도운동 신학교의 한국 지부 'WLI Korea'의 홈페이지의 '학사 안내'에는 다음과 같은 내용도 있다.

> "학위를 취득할 필요는 없지만 뛰어난 강사들의 강의와 은사의 임파테이션impartation을 원하는 일반인도 청강이 가능하나 학생과 동일한 수업료를 납부한 경우 강의 참석이 가능하다. 그러나 강의 참여의 우선권은 WLI 등록 학생에게 주어지며 남아있는 좌석에 한해 선착순으로 청강생의 강의 참석이 허락된다." WLI Korea 홈페이지(www.wli.or.kr/sub03_01_01.php, 2018.4.2 확인)

정식 학생이 아니어도 강사로 오는 유명한 신사도운동가로부터 임파테이션을 받기 위해 그 과목에 대한 수강료를 내고 청강생이 되면 안수기도를 받을 수 있다는 것은 결국 돈을 내면 성령의 능력을 얻는 안수기도를 받을 수 있다는 것이다. 이것은 하나님의 심판을 초래한다고 성경이 경고하는 망령된 일이다.

> "시몬이 사도들의 안수로 성령 받는 것을 보고 돈을 드려 이르되 이 권능을 내게도 주어 누구든지 내가 안수하는 사람은 성령을 받게 하여 주소서 하니 베드로가 이르되 네가 하나님의 선물을 돈 주고 살 줄로 생각하였으니 네 은과 네가 함께 망할지어다" 행 8:18-20.

하나님께서 교회 설립자들이고 특별계시 수납자들이었던 사도들을 통하여 성령의 역사가 나타나는 것을 보고 감히 자신도 돈을 내고 성령을 얻으려고 했던 마술사 시몬이 망령된 욕망을 품다가 멸망에 이르게 된 것과 같을 일을 지금 신사도운동가들이 같은 나쁜 일을 벌이고 있다. 신사도운동에 빠진 그들은 정말로 성령의 능력을 사람을 통하여 얻을 수 있다고 여긴다. 신사도운동에 빠진 사람들은 임파테이션을 통하여 자신에게 성령이 온다는 것을 추호도 의심하지 않기 때문에 가급적 더 유명한 신사도운동가들이 인도하는 집회가 열리면 꼭 참석하려고 한다. 그들은 하나님께서 귀히 쓰시는 사람을 통하여 자신에게 성령의 은사와 능력이 더 임할 수 있다고 정말로 믿는다. 이러한 비성경적인 행위는 신사도운동의 초기 형태인 1940년대의 '늦은 비 운동'을 통해 본격적으로 시작되었다. 그래서 미국 오순절교회의 1949년 Seattle 총회는 늦은 비 운동을  비성경적인 이단적인 운동으로 정죄하였다. http://www.deceptioninthechurch.com/nardvd.html

신사도운동가들의 특징인 기름부음이라는 것을 전달하는 임파테이션은 주로 안수기도를 통하여 일어나지만, 어떤 경우에는 안수기도를 받지 않았음에도 그것이 일어난다. 신사도운동가의 설교를 경청하고, 그들의 책을 읽으면서 임파테이션이 일어난 사례들도 보고되고 있는데, 그것은 미혹의 영들이 역사한다는 사실을 인정하지 않으면 설명되지 않는 현상이다. 피터 와그너의 신사도운동 신학교 한국 지부인 WLI Korea의 대표직을 맡고 있는 홍정식 목사에 관한 신문기사에서 바로 그런 현상이 그에게 일어났다는 것을 확인할 수 있었다. 홍정식 목사는 세계적인 오순절 운동의 대가 조용기 목사의 성령운동을 이해하지 못하였을 때 조용기 목사를 많이 비판하였다. 하나님께서 그것을 회개하도록 질책하셨고, 말로만 회개하지 말고 속죄의 헌금을 드리라고 하였다. 그가 속죄의 헌금 1,000만원을 드리자, 조용기 목사에게 있는 성령의 은사가 자신에게 임했다고 한다. 다음은 홍정식 목사에 관한 그 내용을 전하는 신문 기사이다.

> "이렇게 은혜를 받고 난 뒤 하나님이 자신에게 가장 먼저 하라고 했던 것이 조용기 목사를 비판했던 과거의 일을 회개하라는 것이었다. 홍 목사는 기도를 하면 하나님이 왜 내가 세운 종을 비판했느냐며 자신을 질책했다고 했다. 당시 조용기 목사가 하는 성령 사역을 좋아하지 않았던 홍 목사로서는 달갑지 않은 일이었지만, 하나님이 하라고 해서 회개를 했다는 것이다. 그는 그렇게 회개 기도를 계속했다. 그렇게 계속 회개 기도를 하던 중 하나님이 말로만 해서는 회개가 안 된다며, 속죄 헌금 1000만 원을 바치라고 했다는 게 홍 목사의 얘기다. 그는 1000만 원을 헌금하라는 하나님의 음성을 듣고 순종했다며, 그 다음 조용기 목사의 은사가 자신에게 임했다고 말했다." <sub>홍정식 목사, 회개하면 가난의 저주도 끊어진다.</sub>(뉴스앤조이, 2007년 2월 7일)

홍정식은 자신이 조용기에게 안수 받지 않았으나 조용기를 비방한 죄에 대한 속죄금을 드렸더니 조용기에게 있는 은사가 자신에게 임했다고 했다. 안수기도를 직접 받지 않았지만, 조용기에게 머물고 있는 거짓 영의 능력이 그에게 전이되는 특이한 형태의 임파네이션이 일어난 것이다.

외국에서는 신사도운동가의 설교를 들으면서 자동차를 운전하던 사람에게 거짓 영의 기름부음이 임하여 운전이 어려워졌으므로 경차 순찰차가 차를 멈추고 상황을 수습했다는 보고도 있었다. 반드시 안수기도 등의 신체적 접촉이 있어야만 거짓 영의 역사가 전이되는 것이 아니다.

그러므로 우리는 주변의 신자들이 신사도운동가들이 인도하는 집회에 참여하는 것을 단호하게 설득하여 막아야 한다. 거짓 영의 역사가 일어나는 곳에 참석하여 아무 경계심 없이 마음을 열고 기도하고 그들의 가르침을 들으면 그곳에서 일하는 영들의 거짓 능력에 미혹 될 가능성이 높다. 물론 이미 진리의 성령의 인치심을 받은 진정한 하나님의 자녀라면 그런 악한 영의 미혹과 공격을 당하여도 안전할 것이나, 아직 믿음의 원리를 모르고 신앙이 견고하지 못한 사람들은 영적인 해를 당할 가능성이 높다.

이 사실을 먼저 깨닫고 인식한 성도들이 주변의 친구들과 많은 사람들에게 이 사실을 경고하고 가르쳐야 한다. 신앙의 정체가 의심되는 불건전한 사람을 초청하여 설교하게 하고, 함부로 안수기도하게 하고, 예언을 받게 만드는 집회에는 가지 않도록 가르쳐야 한다. 만일 우리가 소속한 교회의 목회자가 이미 미혹되어서 이러한 악한 일을 진행한다면 단호하게 권면하고 대처해야 한다. 이미 다수가 미혹되어 돌이킬 수 없는 상태라면 자신의 신앙을 위해서 안전한 곳으로 떠나야 한다. 무서운 전염병이 돌고 있는 곳에서 어리석게 계속 머뭇거리는 것은 바르지 못하다. 구제역에 걸렸다고 의심되는 소들을 단호하게 매장하는 이유가 무엇인가? 거짓 영의 미혹에 전염된 사람들에게서는 보통의 신자들보다 주변에 영향을 미치는 힘이 매우 강하고 뜨겁게 나타나므로 당장은 교회가 부흥되고 좋은 것 같아도 그 결과는 매우 치명적이고 심각하다.


### 3. 피터 와그너의 접신

신사도운동가들은 철저하게 성령으로 위장하는 거짓 영에게 속고 있는 사람들이다. 그들은 자신의 불행한 실상을 전혀 모르고 있고 오히려 하나님의 쓰임을 크게 받는 줄로 착각하고 있다. 그와 같은 불행한 일이 존 웜버의 이단성을 분별하지 못한 피터 와그너에게 일어났다. 피터 와그너는 미혹하는 영이 존 웜버를 통하여 역사한다는 것을 전혀 깨닫지 못했다. 만일 그가 존 웜버의 사상과 신학을 경계했더라면 지금 세계교회의 역사는 달라졌을 것이다. 피터 와그너는 빈야드운동의 선구자 존 웜버를 하나님이 사용하신 참 믿음의 사람이라고 믿어버렸고, 결국 존 웜버로 말미암아 그에게 신사도운동의 임파테이션이 일어나고 말았다.

이 사실을 확인할 수 있는 내용이 피터 와그너의 책에서 발견된다. 1982년 1월 피터 와그너와 존 웜버가 플러신학교에서 인도했던 공동강의 '이적, 기사, 그리고 교회성장'MC510을 개설하였을 때였다. 피터 와그너도 그 수업을 인도하는 교수였지만, 실질적으로 존 웜버가 수업의 거의 대부분을 인도하였고, 피터 와그너는 강의실 뒤쪽에 앉아서 존 웜버의 강의를 들었다. 훗날 피터 와그너가 회고한 내용을 보자.

"모든 변화는 수업의 세 번째 주에 일어났다. 존 윔버의 강의가 계속되었고 실습도 시작되었다. 존 윔버는 갑자기 다음과 같이 학생들에게 말했다.

'여러분 중에 신체적인 치유를 위해 기도받기를 원하는 분이 계십니까?'

나도 모르게 손을 들고 말았다. 이미 여러 해 동안 나는 고혈압으로 고통 받고 있었고 매일 약을 먹고 있는 중이었다. 존 윔버는 나에게 앞으로 나와 의자에 앉게 했다. 모든 학생들이 지켜보는 가운데, 그는 나를 위해 기도하였다. 나는 뭔가 특별한 것이 나에게 임하는 것을 느낄 수 있었다. 모든 긴장이 풀리고 기운이 빠졌으므로 내가 의자에서 바닥으로 떨어질 것 같았다. 존 윔버가 나를 위해 기도하고, 나에게 일어난 일을 학생들에게 설명하는 말을 어렴풋하게 들을 수 있었다. 그는 학생들에게 다음과 같이 말했다.

'성령이 와그너 박사와 함께 하십니다. 여러분들은 그에게 함께하는 성령을 볼 수 있습니까?'

나는 10분 정도 그곳에 앉아있었던 것 같다. 존 윔버는 나에게 하나님이 나를 치유하기 위해 역사하시는 것을 볼 수 있었다고 했다. 그러나 의사가 말하지 전까지는 약 먹기를 중단하지 말라고 했다. 며칠 후에 의사를 만났는데, 그는 나의 혈압이 낮아진 것을 보고 매우 놀랐다. 나는 그에게 있었던 일을 설명해 주었다. 의사는 주의 깊게 듣고 나서 다음과 같이 말했다.

'참 흥미로운 일입니다. 저도 최면 상태에서 그런 특이한 일이 일어나기도 한다는 것을 압니다'

의사는 나에게 서서히 약을 줄이라고 권했다. 그러나 수 개 월 후에 나는 완전히 약을 끊었다." C. Peter Wagner, *How to Have A Healing Ministry Without Making Your Church Sick*, pp. 49-50.

존 윔버의 안수기도를 받을 때 일어난 신비한 현상과 질병의 치유가 피터 와그너의 신앙의 노선을 변경시키는데 결정적인 요인이 되었다. 피터 와그너는 그 일이 자신의 인생과 신앙의 변화의 극적인 계기가 되었다고 다음과 같이 말했다.

"이 사건이 나의 신앙 노선의 변화를 완성시켰다. 나는 처음에는 새로운 신앙의 세계에 대해서 매우 회의적이었고, 그래서 방관자로 시작했으나 결국 참여자가 되기로 결정했다. 나도 병든 자에게 손을 내밀어 기도하기 시작했고, 예수 그리스도의 이름으로 그들을 위해 사역하는 것을 배우기 시작했다. 처음에는 많은 사람들이 치유되지 않았으나 하나님께서 나를 격려하여 주시기에 충분한 정도의 치유가 일어나기 시작했다." 앞의 글, p. 50.

물론 이 한 번의 사건이 피터 와그너의 신학과 신앙의 변질의 모든 원인이라고 할 수는 없겠으나, 이 사건이 그의 영혼과 신앙에 엄청난 큰 악영향을 주었다는 것은 분명한 사실이다. 왜냐하면 미혹하는 거짓 영의 역사가 피터 와그너에게 강하게 일어났기 때문이다. 이때 피터 와그너가 경험한 것의 본질은 접신이었다. 피터 와그너는 자신이 존 윔버에게서 기도를 받을 때 온 몸의 힘이 빠지고 긴장이 풀리고 몽롱해졌다고 했다. 이런 현상은 신사도운동가로 성장하는 사람들이 비교적 초기에 경험하는 일이다. 이미 거짓 영의 부림을 받는 사람에게 안수기도를 받을 때 이 같은 현상이 빈번하게 일어난다. 그리고 이후 그도 다른 사람에게 같은 일을 행하는 신사도운동가로 성장하게 된다.

지금 한국 교회에는 안수기도에 대한 그릇된 인식이 팽배해 있다. 안수기도를 받으면 무슨 좋은 일이 일어나는 줄 안다. 그래서 시험 철이 되면 여러 교회에서 고3 수험생 안수기도회라는 것도 하는 것 같다. 세례, 선교사 파송, 직분 취임 등을 위해서 안수기도하는 것은 성경적이지만, 그 이외의 목적으로 안수 기도하는 것에 대해서는 과연 무슨 성경적 근거로 하는 것인지 깊이 고민해야 한다. 예수님께서 승천 직전에 제자들에게 세상에 나아가 복음을 전하고 병든 자에게 손을 얹으라고 하신 것이 지금 목회자들이 신자들에게 함부로 안수하는 것의 근거가 되지는 못한다. 그 때는 십자가에서 피 흘리고 죽으신 예수 그리스도가 구세주라는 복음을 선포하여 교회를 세우기 위한 하나님이 특별하게 역사하셨던 때이다. 예수 그리스도가 제자들과 함께 전도하시면서 예수 그리스도 자신이 구세주라는 복음의 진리를 선포하는 특별한 이적을 주시겠다는 차원에서 하신 말씀이다. 과연 지금도 예수님이 우리에게 병든 자에게 손을 얹어 그 당시 나타났던 이적을 일으키라고 하실까? 실제로 그때처럼 죽은 사람이 살아나고, 소경으로 태어나고 앉은뱅이로 태어난 사람이 완전해지는 이적이 일어나고 있는가?

존 윔버의 안수기도를 받으면서 피터 와그너가 경험했던 현상은 훗날 이상한 능력을 발휘하면서 유명해지는 사람들이 비교적 초기에 경험하는 현상이다. 「하나님의 대사」라는 책을 써서 유명해진 온누리교회의 장로이고, 이전 김대중 정부시절에 주중 한국대사였던 김하중 씨도 일찍 이러한 현상을 경험했다고 고백했다. 김하중 씨는 자신의 47세 생일 되던 날 오후 6시 경에 베이징의 집으로 자신이 출석하는 교회의 목회자를 초청하여 물세례를 받았다고 한다. 그때 피터 와그너가 경험한 것과 매우 유사한 현상이 일어났다고 자신의 책에서 소개하였다.

> "목사님이 내 머리에 물을 부으면서 손을 대는 순간 눈물이 폭포처럼 쏟아지며 무언가 뜨거운 것이 내 몸 속으로 확 쏟아져 들어왔다. 그러고는 순간적으로 정신을 잃고 말았다. 한참 있다가 눈을 떴다. '내가 지금 어디 와 있는 거지? 왜 무릎을 꿇고 있지?' 가만히 바닥을 내려다보니 우리 집 카펫이 깔려 있었다. '여기는 우리 집인데…… 어! 저기 집사람과 교회 분들이 앉아 있네. 아! 내가 조금 전에 세례를 받았지……' 그렇게 한동안 내가 자리에서 일어나지 않으니 모두 나를 지켜보고 있었다. 박 목사님도 수많은 세례를 주었지만 이런 일은 처음이신 듯 당황스런 표정이었다." 김하중, 「하나님의 대사 1」 (서울: 규장출판사, 2010), 29쪽.

기독교의 물세례는 그 사람이 이미 그리스도를 믿음으로 구원받은 하나님의 자녀가 되었음을 공표하는 예식이므로 전체 교회 앞에서 행하는 것이 마땅하다. 물세례를 받지 않는다고 구원이 소실되거나 하나님의 은혜가 없어지는 것도 아니므로 신자의 집에서 사사로이 세례 예식을 베푼다는 것은 옳지 않다. 그런데 뭐가 그리도 급해서 그랬는지는 모르겠으나, 그 목사는 김하중 씨가 사는 집으로 찾아가서 물세례를 베풀었다. 그가 김하중 씨의 머리에 손을 얹고 물세례를 베풀었을 때 나타난 기이한 현상을 보면 그 사람도 역시 거짓의 영의 부림을 받는 사람으로 추측된다.

그 목사가 김하중 씨의 머리에 손을 올리자 눈물이 쏟아지고 뭔가 뜨거운 것이 몸속으로 들어오는 듯한 느낌이 일어났다고 하는데, 이러한 현상은 이방 종교인들의 영성수련에서도 흔하게 나타나는 현상이다. 힌두교의 영성수련장에서 일어나는 쿤달리니 각성현상을 경험한 사람들도 동일한 내용을 보고하고 있다. 힌두교의 영성 수련장에서도 눈물, 감정의 격변, 거짓 방언, 치유 등의 이적이 일어났다고 한다. 그와 동일한 거짓 영의 역사들이 많은 거짓 기독교 선생들이 인도하는 집회에서 일어나고 있음에도 그 정체를 분별하지 못하고 있는 것이다. 오히려 그런 것들을 성령의 세례, 성령의 기름부음이라면서 환영하고 있다. 김하중 씨도 자신에게서 일어난 그 일이 성령의 세례였다고 다음과 술회하였다.

"아! 이게 성령세례라는 거구나. 이제부터는 진짜 하나님의 자녀답게 살아야 되겠구나!" 앞의 글, 29-30쪽.

성령세례는 예수 믿고 죄 사함을 받은 하나님의 자녀에게 성령이 임하시는 것을 뜻하는 말이다. 정상적인 성령세례는 물세례를 받기 전에 일어나는 것이지 물 세례와 함께 또는 물 세례 이후에 일어나는 것이 결코 아니다. 예수 믿는 신앙이 시작되는 그 순간이 곧 성령의 세례가 일어나는 순간이므로 성령세례가 일어나지 못한 사람이 물세례를 받을 수는 없고, 받을 이유도 없는 것이다. 김하중 씨는 기독교의 성령세례가 뭔지도 모르면서 자신에게 신앙에 대해 엉터리 개념을 이야기하고 있는 것이다. 신자의 집에서 그에게 세례를 행한 그 목사가 누구인지 모르겠으나 그의 안수를 통해 악한 영이 장난한 것이고, 김하중 씨에게 접신 현상이 일어났다고 보아야 할 일이다. 거짓 영의 부림을 받는 불행한 상태로 떨어졌음에도 김하중 씨는 오히려 하나님이 부어주시는 성령세례의 복을 누리게 되었다고 오해하였다. 그 이후 김하중 씨에게 무속인 스타일 영성이 나타나는 것을 피할 수 없는 일이었다. 김하중 씨는 이후 교회 다니는 박수무당이 되고 말았으나 온누리교회라는 아주 그럴싸한 교회에서 장로의 직분까지 받아 세상에서도 성공하고 교회에서도 성공한 사람으로 포장되었다. 널리 유명해지고 크게 존경받으면서 박수무당이 하는 일들을 하고 다니기 시작했다. 김하중 씨는 이후 자신에게서 다음과 같은 일이 일어났다고 자신의 책에서 기술하였다.

"내 방에서 문을 잠그고 기도를 하는데 누가 내 뒤에서 이야기를 하는 것 같았다. 뒤를 돌아보았지만 아무도 없었다. 다시 기도를 시작하려는데 또 누가 무어라고 하는 것 같았다. 나는 일어나서 방을 돌아보기도하고, 벽장을 열러보기도 하고, 방에 딸린 욕실 문까지 열고 들여다보았지만 아무도 없었다. 다시 무릎을 꿇고 기도를 하려는데, 또 누가 무어라고 하는 것이었다…… 내 안에서 들리는 말씀을 적었다. 기도가 끝난 다음에 보니 내가 중보하는 사람에 대한 것 같은데 나는 전혀 알지 못하는 그의 직장이나 가정의 문제, 자녀의 대한 내용이 적혀 있었다. 나는 그렇게 하나님의 말씀을 받기 시작했다." 앞의 글, 70쪽.

## 4. 성령의 사역

그리스도의 피의 공로를 덧입은 신자에게 임하시는 성령의 역사하심에 대한 정확한 지식과 정보는 오직 성경을 통해서만 얻을 수 있다. 어떤 인간이 저술한 책이나, 유명한 어떤 사람의 경험은 약간의 참고는 될 수 있으나 정확한 기준이 될 수는 없다. 성령이 하시는 일들에 관한 성경에 나온 말씀들을 찾아보았다. 성경은 성령께서 다음과 같이 역사하신다고 말씀하신다.

성령은 믿음을 주시어 구원하시는 하나님이다.
"진실로 진실로 네게 이르노니 사람이 물과 성령으로 거듭나지 아니하면 하나님 나라에 들어갈 수 없으니라" 요 3:5.

"그러므로 내가 너희에게 알게 하노니 하나님의 영으로 말하는 자는 누구든지 예수를 저주할 자라 하지 않고 또 성령으로 아니하고서는 누구든지 예수를 주시라 할 수 없느니라"고전 12:3.

**성령은 구원받은 신자의 삶과 성품을 변화시킨다.**
"이는 그리스도 예수 안에 있는 생명의 성령의 법이 죄와 사망의 법에서 너를 해방하였음이라"롬 8:2.

"오직 성령의 열매는 사랑과 희락과 화평과 오래 참음과 자비와 양선과 충선과 온유와 절제니 이 같은 것을 금지할 법이 없느니라"갈 5:22,23.

**성령은 개인의 유익이 아니라 교회를 위해 다양한 은사를 주신다.**
"은사는 여러 가지나 성령은 같고…… 각 사람에게 성령을 나타내심은 유익하게for the common good, NIV 하려 하심이라"고전 12:4-7.
**성령은 성경 말씀을 주신 분이고, 우리에게는 그 뜻을 알게 하신다.**
"먼저 알 것은 경의 모든 예언은 사사로이 풀 것이 아니니 예언은 언제든지 사람이 뜻으로 낸 것이 아니요 오직 성령의 감동하심을 입은 사람들이 하나님께 받아 말한 것임이니라"벧후 1:20,21.

**내주하시는 성령이 하나님의 백성임을 증거한다.**
"그 안에서 너희도 진리의 말씀 곧 너희의 구원의 복음을 듣고 그 안에서 또한 믿어 약속의 성령으로 인치심을 받았느니라"엡 1:13.

성령은 죄에 대하여 깨닫고 회개하게 한다.

"그가 와서 죄에 대하여, 의에 대하여, 심판에 대하여 세상을 책망하시리라"요 16:8.

성령은 하나님의 자녀를 진리의 말씀으로 무장되게 한다.

"그러나 진리의 성령이 오시면 그가 너희를 모든 진리 가운데로 인도하시리니"요 16:13.

성령은 새로운 말씀을 주시지 않고 오직 성경의 말씀을 가르쳐주신다.

"그가 스스로 말하지 않고 오직 듣는 것을 말하시며 장래 일을 너희에게 알리시리라"요 16:13.

십자가에 달리신 예수 그리스도를 높이게 만드신다.

"그가 내 영광을 나타내리니 내 것을 가지고 너희에게 알리겠음이니라"요 16:14.

이것만이 성령께서 하시는 일의 전부라고 할 수는 없다. 그러나 위 내용들이 우리 속에 거하시는 성령이 하시는 하나님의 일들의 핵심이고, 여기에서 벗어나는 일은 성령이 하신 일이 아니다. 피터 와그너가 존 윔버의 기도를 받을 때 경험한 특이한 현상은 성령에 관한 어떤 말씀으로도 설명되지 않는다. 설제로 어떤 현상이 나타났으나 성경의 말씀으로 설명되지 않는 것을 신비주의라고 한다. 기독교 신앙의 원리인 성경으로 설명되지 않는 일, 성령이 하신 일이라고 확신할 수 없고, 오히려 미혹하는 영의 장난일 가능성이 높은 일들은 신비주의에 해당된다. 신비체험에 의존하거나, 매료되어 헤어 나오지 못하면 반드시 성경적인 믿음을 떠나게 된다. 신비주의를 조장하는 영은 하나님의 영이 아니기 때문이다.

존 윔버에게서 기도 받을 때 피터 와그너에게 그런 일이 벌어진 것이다. 그러나 그는 자신에게 특별한 성령의 역사하심이 일어났다고 생각했고 그것이 그에게 특별한 체험이 되었다. 오래 동안 그를 괴롭혔던 고혈압도 이때 치유되었으므로 그 사건은 피터 와그너에게 더욱 무시할 수 없는 중요하고 의미있는 일이 되었던 것이다.

대부분의 신사도운동가들이 초기에 피터 와그너가 존 윔버의 기도를 통하여 경험한 현상을 경험한다. 정신이 몽롱해지며 아지랑이가 몸속으로 들어오는 것 같은 현상, 혀가 풀려서 웅얼거림, 이유 없는 슬픔과 웃음, 그리고 성령의 불이라고 미화되는 강력한 전기 자극 등이 대표적인 현상들이다. 이러한 과정을 통해 악한 능력이 머물게 되고, 그리고 이후 다른 사람들을 대상으로 같은 능력을 발휘하기 시작한다. 영적인 최면술을 행하는 거짓 능력의 사람, 신사도운동가로 변하는 것이다. 피터 와그너를 상담하였던 의사도 그 현상을 최면술과 같은 현상이라고 말하였다. 피터 와그너에게 안수하였던 빈야드운동의 선구자 존 윔버는 사탄의 능력을 부리는 영적인 최면술사였던 것이다. 그러나 존 윔버를 비롯하여 그러한 일을 하는 사람들은 성령의 능력이 자신에게 임했다고 착각하고 있고, 자신들이 인도하는 집회에 참석하여 치유를 얻고자 마음을 열고 자신들에게 안수받는 사람들에게 거짓 영들의 속임과 장난을 일으키고 있다. Hank Hanegraaff, *Counterfeit Revival* (Orange, CA: W Publishing Group, 2001), p. 16.


## 5. 힌두교의 쿤달리니

존 윔버를 통하여 피터 와그너에게 나타난 현상은 놀랍게도 힌두교의 수련에서 중시되는 '쿤달리니 각성'Kundalini awakening 현상이 발생하는 모습과 거의 일치한다. 힌두교에서는 쿤달리니 각성 현상을 다른 말로 '뱀의 능력'이라고 부른다. 힌두교에서 코브라가 신성시되고, 힌두교의 영성 수련인 요가에서 코브라 모양의 자세가 자주 나타나는 것도 이와 관련이 있다. 그들은 쿤달리니 에너지가 평소에는 꼬리 모양의 인간의 척추 뼈의 끝 부분과 남자의 음경 근처에 머물고 있다고 한다. 힌두교 선생들은 잠자고 있던 쿤달리니 에너지가 활성화되기 시작하면 '샥키'라고 부르는 불의 형태의 에너지로 변화되어 척추를 따라 머리 쪽으로 이동된다고 한다. 그리고 사람마다 그 체험이 다양하지만, 활성화된 쿤달리니 에너지가 머리에 도달할 때에 극도의 황홀감, 무아지경, 거짓 방언, 동물소리, 낄낄거림, 몽롱함…… 등의 현상이 나타난다. 로저 오클랜드, 「새 포도주와 바벨론 포도나무」 (스데반 황 역)(Band of Puritan, 2010), 271-73쪽.

다음은 쿤달리니 각성 현상을 경험하였던 스테니스라브 그로프 Stanishslav Grof라는 사람이 자신의 경험을 설명하는 내용이다. 존 윔버와 같은 신사도운동가들을 통해 이러한 현상이 나타나면 성령의 기름부으심이 임했다고 주장하는데, 힌두교에서 나타나는 현상과 결코 다르지 않다.

> "그들의 등뼈에는 아래로부터 위로 뜨거운 열이 올라가면서 강력한 에너지를 느낍니다. 그러면 그들의 몸은 발작을 하는 것처럼 엄청나게 흔들이고 몸이 꼬입니다. 그들의 감정은 엄청난 에너지로 인하여 그 누구도 예측할 수 없는 심한 감정의 기복을 나타냅니다. 분노, 염려, 슬픔, 기쁨, 황홀경에 사로잡힘 등의 모습이 타나나지요. 이 과정에서 각 개인들은 그들의 몸과 정신을 다스릴 수 없습니다." 앞의 글, 273쪽.

힌두교인들이 자신들의 영성수련을 통해 도달하는 쿤달리니 체험과 동반되는 다양한 현상들 중에 다양한 감정적인 현상들과 황홀경도 있다. 존 윔버의 기도를 통하여 피터 와그너에게도 그런 것이 체험되어진 것이다. 힌두교에서 '쿤달리니 각성'Kundalini awakening을 먼저 경험한 선생을 '구루'Guru라고 부르는데, 구루들은 수련자의 이마나 몸의 다른 부위를 손으로 터치한다.앞의 글, p. 271. 구루의 도움이 없이 수련자들이 혼자서 수련에 몰두하다가 저절로 나타나는 그런 현상들을 경험하는 일도 많다고 한다. 그러나 대부분 구루가 수련자의 이마나 몸의 다른 부위를 터치하거나, 수련자와 마주보면서 대화를 나눌 때에도 쿤달리니 각성이 일어난다. 피터 와그너에게 안수기도 하였던 존 윔버처럼 신사도운동가들은 다른 사람들의 이마나 신체의 다른 부위에 손을 얹거나 가벼이 터치하여 거짓된 성령의 역사를 일으키는 일들이 많고, 때로는 함께 기도회를 가지기만 하였음에도 기름부으심?이 전이되는 일들이 많다. 신사도운동의 거짓 성령의 역사와 힌두교 구루들이 일으키는 쿤달리니 각성 현상은 여러 면에서 유사하다.

손기철 장로의 책을 보니, 그도 초기에 다른 사람의 안수기도를 통하여 피터 와그너가 존 윔버를 통하여 경험한 힌두교의 쿤달리니 현상과 같은 것을 경험하였다. 외국인 크리스 해리슨Chris Harrison 목사가 인도하는 집회에 참석하여 그에게 안수기도를 받을 때 피터 와그너의 경험과 매우 유사한 경험을 했다고 그의 책에 기술되어 있다.

> "목사님은 나를 위해 안수기도도 해 주셨습니다. 한 번은 안수기도를 받다가 갑자기 아지랑이와 같은 것이 온 몸으로 퍼지듯이 내 안으로 쑥 들어오는 듯한 기분을 느꼈습니다. 마치 안개 속에 누워 있는 듯 다른 사람들의 말소리가 아득하게 들려왔습니다. 눈을 감은 것도 아닌데 주변이 어스름하게 보였습니다. 이 세상이 온데간데없고 구속한 주님과 나만 있는 것 같은 황홀경을 맛보았습니다." 손기철, 「알고싶어요 성령님」 (서울:규장, 2012), 49쪽.

이상한 성령의 역사를 일으키는 사람들의 과거를 추적하면 이전에 이상한 성령 체험이 있었다는 사실이 발견된다. 기도할 때 하나님의 응답을 따라 손을 오르락내리락하게 하신다고 주장하고, 기도하면 하나님이 즉각적으로 '된다!', '안 된다!' 라고 대답해 주시고, 하나님이 자기 손을 움직여서 이상한 글자들을 써주신다고 주장하는 온누리 교회의 김하중 장로도 이전에 다음과 같은 특이한 현상을 경험하였다는 사실을 앞에서 살펴보았다. 80년대 초반, 피터 와그너도 존 윔버를 통하여 그와 같은 거짓된 세계로 빠져들고 있었다. 존 윔버가 수업 시간에 학생들에게 안수기도하여 일으키는 현상들을 진정한 성령의 역사하심이라고 오판하였다. 존 윔버의 기도를 받았던 학생들에게서 나타난 현상들에 대해 피터 와그너는 이렇게 기술하였다. 피터 와그너가 신사도운동의 핵심 사상인 '성령의 기름부으심'을 어떻게 접하고 이해하였는지를 보여준다.

> "예외 없이 기도할 때마다 하나님께서는 능력을 보고 느낄 수 있는 방식으로 드러내어 주셨다. 많은 학생들이 육체적인 질병을 고침 받았고, 또한 많은 학생들이 정신적, 영적인 치유를 경험했다. 어떤 사람들은 성령으로 충만해졌었다. 어떤 학생들이 처음으로 손을 내 밀어서 다른 병든 사람을 위해서 기도하였고, 그때마다 사람들이 치유되는 것을 보았다. 어떤 사람은 성령의 기름부으심을 받으며 떨었고, 어떤 사람은 그대로 누워있었다." C. Peter Wagner, *The Third Wave of Holy Spirit*, p. 28.

## 6. 영적 족보

신사도운동가들의 과거 이력을 살펴보면 먼저 누군가에게서 거짓된 능력을 전수받고 이후 다른 사람들에게 그것을 전파하기를 시작하는 공통적인 패턴이 나타난다. 그들의 세계에서 성행하는 임파테이션 족보가 그려지는 것이다. 대표적인 한국인 신사도운동가인 거짓 사도 체안

Che Ahn, 한국 명 안재호을 보자. 체안은 1994년 유명한 신사도운동 교회인 토론토 공항교회의 존 아놋John Arnott 목사의 집회에 참석하여 이유 없이 웃음이 터지는 경험을 하였다. 존 아놋으로부터 안수기도를 받지 않았으나 저절로 임파테이션, 즉 접신이 벌어졌고, 그때 우울증이 사라졌다.

그리고 이후 체안도 다른 사람들에게 임파테이션을 전수하는 거짓 능력의 사람이 되었다. 신사도운동의 대표적인 사람으로 성장한 체안 목사는 신사도운동의 기둥과 같은 사도 3인 중 한 사람으로 불리우게 되었다. 체안을 통해서도 거짓 능력이 많은 사람들에게 전파되었다. 체안이 어떤 곳에서 부흥집회를 인도하다 리사Lisa라는 1.5세 코리안-아메리칸 크리스찬을 위해 기도하자, 다음과 같은 현상이 일어났다고 한다.

"'예수님! 주님이 리사를 얼마나 사랑하시는지 그녀에게 보여주소서.' 나는 조용하게 간구하였다. 내가 이 기도를 드리는 순간, 리사는 웃기 시작했다. 처음에 나는 그녀가 나를 보고 웃는 것인지 내가 기도한 것에 대해 웃는 것인지 궁금했다. 그러나 나는 곧 그녀가 자신의 손으로 입을 막으며 웃지 않으려고 애를 쓰는 것을 볼 수 있었다. 그러나 웃음을 막을 수는 없었다. 바로 그때 나는 성령께서 그녀에게 밀물처럼 임하기 때문에 그 웃음이 터졌다는 것을 알게 되었다." 로저 오클랜드, 「새 포도주와 바벨론 포도나무」, 282쪽.

2016년에 신사도운동 집회를 인도하기 위해 한국에 왔던 존 아놋과 국민일보 기자가 인터뷰한 기사에도 체안이 존 아놋으로부터 영향 받아 신사도운동가로 성장했다고 소개되었다.

"캐나다 토론토공항교회 존 아놋사진 목사는 최근 국민일보와의 인터뷰에서 "지금 우리에게 필요한 사람은 하늘의 복을 추구하는 사람이 아니라 하나님과 이웃을 사랑하는 사람"이라고 강조했다. 아놋 목사는 HIM Korea대표 홍정식 목사 주최로 지난 4~7일 서울 광진구 세종대에서 열린 '2016 HIM 회복 콘퍼런스'에서 강의했다. 아놋 목사는 1990년대 토론토에 영적 부흥 운동을 일으킨 대표적인 인물이다. 현재 성도 2500여명이 토론토공항 인근 여러 캠퍼스에서 예배를 드리고 있다. 그가 인도하는 집회에서 성령의 임재를 경험한 이들이 전 세계 곳곳에서 사역자로 활동하고 있다. HIM 국제대표 체 안 목사도 그의 영향을 받았다." "콘퍼런스 인도 위해 내한 토론토공항교회 존 아놋 목사 '크리스천 삶의 세 가지 여정, 그 기본은 사랑'" 국민일보, 2016년 1월 14일).

체안에게 이와 같은 거짓 능력을 얻게 만든 토론토 공항교회의 존 아놋은 언제 누구를 통하여 그런 능력을 얻었을까? 존 아놋은 일찍부터 그와 같은 능력을 얻기위해 부단히 노력한 사람이었다. 그런 능력을 얻기 위해 한국 교회에도 잘 알려진 베니 힌Benny Hinn에게서 여러 차례 안수 기도를 받았었다. 그러나 이상하게도 그 능력이 부인에게만 임하여 존 아놋의 부인이 술 취한 사람과 같이 되었다. 존 아놋에게는 아무런 일도 일어나지 않았다. 1993년 6월 능력을 얻기 위해 존 아놋은 또 다른 유명한 거짓 능력의 대가 로드니 하워드 브라운에게 안수기도를 받았다. 그러나 여전히 아무 일도 일어나지 않았다.

1993년 11월, 그는 아르헨티나에서 클라우디오 프레이드존Claudio

Freidzon 목사를 만나서 드디어 뜻을 이루었다. 클라우디오 프레이드존이 힌두교의 구루들이 수련자들의 이마를 손으로 터치하듯이 존 아놋을 때리면서 기도할 때 드디어 거짓 능력이 강력하게 그에 몸속으로 들어오는 것이 느껴지기 시작했다.Hank Hanegraaff, p. 47. 드디어 존 아놋에게 임파테이션이 일어났다.

그렇다면 클라우이도 프레이드존은 또 누구에게서 그런 거짓된 능력을 전수 받았을까? 그에게 능력을 전이시켜 준 사람은 베니 힌Benny Hinn 과 하워드 브라운이었었다.정이철,「신사도운동에 빠진 교회」, 36-7쪽. 베니 힌은 성령 안에서 죽는 현상이라고 알려진 '입신'에 들어가는 것으로 유명했던 캐트린 쿨만kathryn Kuhlman이라는 여성 은사주의자의 영향을 크게 받았다. 심지어 베니 힌은 캐트린 쿨만에게 머물었던 능력을 전수받기 위해 그녀의 무덤에까지 찾아가서 기름부음을 얻기를 위해 기도했다. 윌슨 유인 외, 「오순절 은사운동 바로알기」 (정동수 역)(인천: 그리스도 안에서, 2010), 147쪽.

신사도운동의 거짓 성령의 능력을 얻은 존 아놋은 그 다음 해인 1994년 1월에 랜디 클락Randy Clark 목사를 자신이 담임하고 있던 토론토 공항교회에 초청하여 부흥회를 인도하게 했다. 바로 이때 랜디 클락을 통하여 그 부흥회에 참석하였던 많은 사람들에게 큰 거짓 능력이 전파되었다. 사람들이 이유 없이 낄낄거리며 웃기를 시작했고, 이것이 '거룩한 웃음'이라고 미화되었다. 교회사에 '거룩한 웃음운동'Holy Laughter Movement이라고 기록된 토론토의 빈야드 웃음부흥은 이렇게 탄생했다. 당시 부흥을 위한 새로운 동력원이 필요하였던 한국교회의 많은 사람들도 여기를 주목하였고, 수 천 명의 목회자들이 토론토에 와서 빈야드운동을 배웠고, 능력을 얻기 위해 그들에게서 안수기도를 받았다. 그리고 한국으로 돌아와서 신자들에게 거짓 능력을 전파하며 거짓된 교회를 세우는 가짜 부흥의 역사를 이루어냈다. 한국교회가 더 이상 하나님의 교회이기를 포기하고 하나의 기괴한 종교로 전락해 버리고 있는 최근의 모습의 원인은 이 당시 유입된 거짓 영의 역사 때문이라고도 할 수 있다.

존 아놋의 토론토 공항교회에서 거대한 거짓 부흥의 불을 지폈던 랜디 클락은 언제, 누구를 통하여 그런 거짓 성령의 능력을 전수 받았을까? 랜디 클락은 원래 미주리 주 세인트 루이스의 한 빈야드운동교회의 목사였다. 그런데 그가 오클라호마 주 털사에서 열렸던 남아공 오순절교회 출신 신사도운동의 대가 로드니 하워드 브라운이 인도하는 집회에 참석하였을 때, 더욱 더 큰 거짓 성령의 능력이 임하였다고 한다. 랜디 클락에게 거짓 영의 능력을 전수하는 임파테이션을 일으킨 사람은 로드니 하워드 브라운이었던 것이다. 앞의 글, 177쪽.


## 7. 한국 교회 속의 임파테이션


한국 교회에서도 이러한 일이 계속 일어나고 있다. 신사도운동가 손기철 장로는 미국의 신사도운동가 릭 조이너, 크리스 해리슨 등으로부터 기도 받는 등의 모습으로 임파테이션을 받았다. 그리고 이후 손기철 장로를 통하여 한국의 수많은 목회자들과 신자들에게 임파테이션이 전파되고 있다. 2010년부터 매 주일 치유집회를 열고 있는 손기철 장로에게서 얼마나 많은 목회자들과 성도들이 안수기도 받았는지 아무도 정확하게 파악하지 못하고 있다. 손기철 장로는 자신이 임파테이션 하는 신사도운동가라는 사실을 자신의 책에서 다음과 같이 말했다.

"기름부으심은 다른 사람에게 '전이'impartation, 임파테이션되기까지 합니다. 내가 기름 부으심이 넘치는 목사님에게서 안수기도를 받을 때, 나에게 기름부으심이 흘러 들어왔습니다. 이와 동일하게, 내가 다른 사람을 위해 기름 부으심을 흘려보내는 기도를 하면 성령님의 능력이 전달되고, 그 기도를 받은 사람도 나와 같은 사역을 할 수 있게 됩니다. 단 기름 부으심이 무조건 전이되는 것은 아닙니다. 하나님의 계획하심과 기름 부으심을 흘려보내는 사람과 받는 사람의 믿음과 마음의 상태가 결정적인 역할을 한다고 생각합니다." 손기철, 「고맙습니다 성령님」 (서울:규장, 2010), p. 186.

손기철 장로를 통해 한국교회의 수많은 목회자들과 신자들에게 악령의 거짓 권능이 미치게 된 것에 대한 상당부분의 책임이 온누리 교회의 설립자인 故하용조 목사에게 있다. 손기철 장로의 책을 보니 하용조 목사가 자신에게 치유사역을 시작하도록 권유했다고 다음과 같이 권하고 도움을 주었다고 설명되어 있다.

"나는 내적치유로 성도들을 섬기며 같은 교회의 교역자가 인도하던 치유집회에서 안수기도하며 신유와 성령님의 인도함에 대한 훈련을 쌓

아갔습니다. 그 뒤 신유사역을 위해 1년 반 이상 기도한 끝에 어느 날 '이제는 하나님의 때가 되었다!'라는 생각이 들었습니다. 나는 그것이 성령님이 주신 마음이라고 생각되었습니다. 2003년 12월, 나는 온누리교회의 담임목사이신 하용조 목사님께 이야기를 꺼내셨습니다.

'목사님, 제가 기도해봤는데, 신유사역을 했으면 좋겠습니다.'
'네, 그러세요. 그동안 내적치유집회를 섬기시느라 고생 많으셨습니다.'

목사님께서 한 번에 흔쾌히 허락하실 때 솔직히 나는 적잖이 놀랐습니다. 그런 사역을 하게 되면 말씀도 전하고 안수도 하게 될 텐데, 교회 안에서 그런 일들은 보통 목사님만 하실 수 있는 일로 생각합니다. 평신도로서 내가 그런 일을 하면, 다른 성도들이 교회의 질서를 어지럽힌다고 나쁘게 받아들일 수 있기 때문에, 나로서는 오랜 기도 끝에 어렵게 꺼낸 말이었기 때문입니다. 내 머릿 속이 복잡한 걸 아셨는지 목사님께서 먼저 이렇게 약속해 주셨습니다.

'다른 사람들로부터 말도 들을 수 있습니다. 얼마나 어려운 일인지도 압니다. 제가 모든 책임을 지고 후원해드릴 테니, 걱정하지 마세요.'

얼마나 감사했는지요. 목사님은 곧 부목사님과 장로님께 나를 월요치유집회 사역자로 세우시겠다고 선포하셨습니다. 그리고 치유집회를 시작할 수 있도록 지원해주셨습니다. 이제 정말 내가 신유 사역을 시작하게 된 것입니다."앞의글. 146-47쪽.

하용조 목사가 손기철 장로의 치유집회를 얼마나 적극적으로 성도들에게 권하면서 후원했는지를 보여주는 홍보 영상 하나를 발견했다. 손기철 장로의 치유집회 홍보 영상에 하용조 목사가 직접 출연하여 사람들에게 손기철 장로의 치유집회에 참석하여 방언과 예언을 경험하고, 병고침의 이적도 체험하라고 선동하는 영상이었다. 하용조 목사는 다음과 같이 말했다.

"또 한분을 소개하고자 합니다. 손기철 장로님이십니다. 하나님은 이 종을 창조과학회를 통하여 오랫동안 지적훈련을 시키셨고, 건국대학교 학장으로서 학문에서 탁월한 성취를 하신 분인데, 더 놀라운 사실은 이 분이 '하나님의 기름부음'을 받아서 병 고치는 치유사역과 내적치유 사역을 하신다는 사실입니다. 최근에는 3,000명 이상의 사람들이 매주 월요일마다 모여서 말씀을 듣고, 병을 고치고, 하나님의 기적과 성령체험을 하는……, 전 세계를 돌아다니면서 이 분에게서 배우고자 하시는 분들이 많이 있습니다. 가는 곳마다 기적이 일어나고, 가는 곳마다 성령의 역사가 일어나는 역사가 손기철 장로님을 통해서 일어나고 있습니다. 저는 손기철 장로님께서 하시는 사역을 직접 목격하고……, 중략이번에 얼바인 온누리교회서 손기철 장로님을 통하여 수많은 사람들이 성령세례 받고, 방언을 하고, 예언을 하고, 병고치는 역사가 있기를 바랍니다. 부흥이 바로 이것입니다. 사도행전적인 사건이 바로 이런 것입니다. 손기철 장로님을 진심으로 추천합니다. 많은 사람들을 초청하셔서 큰 역사가 일어나기를 바랍니다." www.youtube.com/watch?time_continue=1&v=gUDOsenU-jQ.

　故하용조 목사를 통하여 이와 같이 거짓 영의 일들이 부흥하게 된 근본 원인은 무엇일까? 하용조 목사 자신이 거짓 영에게 심각하게 미혹된 사람이었기 때문이다. 하용조 목사가 일찍 베뢰아 귀신론을 가르치다가 한국교회의 대부분의 복음주의 교단들로부터 이단 판정을 받은 김기동 씨에게서 성경을 배웠다는 것은 이미 널리 알려진 사실이다. 여기에 대해서 하용조 목사는 철저한 회개의 과정을 거치지 않고 한국을 대표하는 복음주의 목사로 성공하였다. 심각한 이단에게 성경을 배워 미혹된 상태에서 목회를 시작했으나, 아무도 그것을 바르게 지적하고 교정하지 않았으므로 자신도 자신의 문제를 몰랐고 남들도 문제를 몰랐다.

　이후 하용조 목사는 당시 미국에서 성행하는 빈야드운동 등의 위험스러운 사상들과 목회 방법들을 온누리교회로 도입하면서 더욱 승승장구하였다. 그러나 사람이 보기에 대성공이었지 사실 하나님이 보시기에는 심각한 거짓 복음의 길, 즉 배교의 길을 가는 거짓의 사람이었을 뿐이었다. 하용조 목사는 말년에 급격하게 영적으로 무너지면서 자신의 정체를 드러내기 시작했다. 건강이 쇠약했던 하용조 목사는 하와이에서 안식년을 보내면서 그곳의 신사도운동 등의 불건전한 영성이 농후한 예수전도단의 열방대학University of the Nations의 특별훈련을 받기도 했다. 그 훈련을 받고 난 후 온누리교회의 강단에 복귀하여 열방대학에서 훈련을 받는 중 자신에게서 귀신이 나가는 일이 있었다고 공개적인 설교에서 언급하여 사람들을 어리둥절하게 만들었다. 그리고 이후 금이빨이 등장하고 쓰러짐 등의 현상이 난무하는 신사도운동가들의 집회에 참석했던 사람들이 일본, 하와이에서 있었던 그런 집회에서 하용조 목사를 직접 목격했다고 보고하기도 했다.

하용조 목사와 관련된 놀라운 이야기는 그뿐이 아니다. 하용조 목사는 2006년부터 '러브 소나타'라는 명칭의 일본 선교 사역을 시작했다. 정확히 언제인지 모르겠으나, 한번은 온누리교회에 출석하는 많은 연예인들이 하용조 목사와 함께 일본으로 단기선교를 갔었다. 일본 선교 기간 중에 그곳의 어떤 사람들을 강사로 세우고 집회를 개최하였는데, 그때 금가루가 참석한 사람들의 얼굴에 뿌려지는 희안한 일이 일어났다. 믿을 수 없는 일이지만, 당시 참여했던 젊은 연예인들이 자신들에게 일어난 그 장면을 사진 찍어 '싸이월드'라는 그 당시의 개인 홈페이지에 올려서 알려졌다.

당시 온누리교회의 일본 선교 프로그램 '러브 소나타'에 참석하여 금가루를 체험한 연예인이 자신의 싸이월드에 올렸던 그 사진을 본 사람들이 많다. 하용조 목사를 통하여 사탄이 이렇게 크게 역사했었으나 그때에는 아무도 의심하지 않았고, 지금도 대부분의 사람들이 애써서 그에 대한 의심을 거부하며 좋은 말만 하려고 한다. 그러니 과연 온누리교회와 한국교회 안에서 예수 그리스도의 복음이 회복되는 날을 볼 수 있을까?

그런데 불행하게도 한국교회의 다수의 목회자들과 신학자들 온누리교회와 손기철의 사상과 속이는 영성의 심각성을 제대로 보지 못하고 있다. 그 대표적인 사람이 예장 고신의 조직신학자 박영돈 교수이다. 2010년에 박영돈 교수는 손기철의 치유집회에 직접 참석하고서 그 소감을 자신의 책에서 이렇게 말했다.

"손기철 장로의 치유 사역에 기대를 가졌던 이유는 그가 지금까지 우리가 보았던 유형의 치유 사역자들과는 사뭇 달랐기 때문이다. 과거의 치유사역자들이 대체로 몰상식하고 무례하며 위압적인데 반해 그는 매우 신사적이고 부드럽고 겸허해 보인다." 박영돈, 「일그러진 성령의 얼굴」(서울: IVP, 2014), 93쪽.

"그손기철의 책에서도 강조한 바와 같이 치유사역을 통해 하나님 나라가 능력으로 이 땅에 임하고 확장되는 역사가 일어나기를 갈망하기 때문일 것이다. 그의 책과 사역에서 하나님에 대한 그의 순수한 사랑과 열정이 전달된다. 그는 모 교회온누리교회의 장로로서 건전한 신앙적 배경을 가진 사람이다." 앞의 글.

개혁신학을 가르치는 예장 고신의 조직신학 교수라는 분이 이러시니 참으로 답답하다. 박영돈 교수는 과거의 이단들이 주로 저학력자들이거나, 깡패 출신이거나, 욕설과 음담패설도 잘하는 저질스러운 경향이 많았으나 요즘 이단들 중에는 해외 유학 경험을 가진 사람들이 많고, 의사, 교수 등의 전문직을 가지고 있는 경우도 많다는 것을 모르는 것 같다. 그래서 박영돈 교수는 손기철 장로의 해외 유학 경험, 현직 대학 교수, 그리고 세련된 언어구사 능력 등에 매료되어 그의 사상의 심각성을 제대로 보지 못하였다.

심각한 문제점들을 단단히 지적해도 부족할 것인데, 오히려 박영돈 교수는 손기철이 온누리교회의 장로이니 더 믿을만하다는 식으로 이야기하였다. 손기철이 휴대폰 전화로도 치유기도를 해도 치유가 일어난다면서 참석자들에게 주변의 친지들 중에 아픈 사람이 있으면 전화를 걸어 치유기도를 받게하라고 하자 박영돈 교수의 부인은 얼른 몸이 아픈 친정 어머니에게 전화로 치유기도를 받으라고 권했다고 한다.

"마지막에는 손 장로가 가족이나 친지 그리고 아는 사람 중에 치유가 필요한 이들에게 전화를 걸게하여 휴대폰으로 치유를 위한 기도를 받게하였다. 많은 사람들이 어디엔가 황급하게 전화를 걸기 시작했다. 그때까지만해도 필자는 무슨 일인지 감을 잡을 수가 없었다. 휴대폰을 통해 치유를 받는다는 것은 금시초문이었기 때문이다. 옆에 있던 아내는 필자보다 눈치가 빨라 무슨 말인지 알아채고 재빨리 허리와 잇몸이 아파 고생하시는 장모님께 전화를 걸어 치유기도를 받으시라고 권했다. 그런 아내를 보면서 병든 이들과 그들을 사랑하는 가족들의 절박한 심정이 찡하게 가슴에 와 닿았다. 전화를 건 사람들은 그 자리에서 일어나 상대방이 휴대폰을 받고 있는 상태에서 강대상을 향하여 치켜들었다. 손 장로가 치유를 위한 기도를 하고 바로 이어서 치유되었음을 선포하며 그것을 믿는 이들은 반응하라고 하니 많은 사람들이 치유되었다고 외치며 환호하였다. 이어서 그는 휴대폰들을 향하여 '성령님, 임하소서! 더! 더! 더!'라고 외쳤다. 그러나 휴대폰을 들고 서 있던 이들이 뒤로 나자빠지듯 털썩 주저앉았다. 난생처음 참으로 희한한 일을 목격하였다." 앞의 글, 92쪽.

제 2장
제 3의
# 성령의 물결

피터 와그너는 성령의 첫 번째 물결이 1900년대 초의

'아주사 부흥'과 함께 일어난 오순절 운동이라고 했다.

그리고 두 번째 성령의 물결은 1960-70년대에

캘리포니아에서 '은사 운동', 또는 '신오순절주의'이라는

명칭으로 일어나 교파를 초월하여 여려 지역의 다양한

교단들 속으로 확산되었다고 했다. 그리고 세 번째 성령의 물결이

1980년대에 존 윔버의 '빈야드운동'과 함께 일어났다고 했다.

# 제3의
# 성령의 물결

피터 와그너는 1980년대 초부터 본격적으로 시작된 존 윔버John Wimber, 1934-1997의 빈야드운동Vineyard Movement을 경험하면서 하나님께서 새로운 유형의 성령의 물결을 일으키신다고 확신하고서 '제3의 성령의 물결' 흔히 '제3의 물결' the Third Wave of Holy Spirit, 이론을 주장하였다. 많은 사람들이 그 당시 세계적으로 큰 영향을 미쳤던 사회학자 앨빈 토플러Alvin Toffler, 1928~2016의 책 「제 3의 물결」이 피터 와그너의 '제3의 성령의 물결'에 직접 영향을 미쳤을 것이라고 추측하고 있다. 그러나 피터 와그너는 미국의 「목회갱신」 Pastoral Renewal이라는 기독교 잡지사와의 인터뷰에서 자신의 '제 3의 성령의 물결'은 앨빈 토플러의 책의 제목과 비슷하기는 해도 아무런 상관이 없다고 말했다. Peter C. Wagner, the

*Third Wave of Holy Spirit*, p. 15.

　그러나 이 두 사람의 이론의 전체적인 구조가 매우 유사하다는 점, 비슷한 시기에 등장했다는 점, 그리고 그 당시 앨빈 토플러의 주장의 영향이 당시 여러 분야의 학자들에게 큰 영향을 미쳤다는 점을 생각하면 혹시 피터 와그너가 의도하지 않았을지라도 은연중에 앨빈 토플러의 책의 영향을 받았을 것이라고 짐작하는 것은 무리한 일이 아닐 것이다.

　앨빈 토플러는 그의 책에서 사회의 유형을 세 가지로 설명했고, 사회를 '물결'에 비유하였다. 그는 새로운 물결이 일어나면서 이전 시대의 사회 유형이 새로운 사회 유형으로 변화된다고 했다. 첫 번째 인류의 사회 유형은 '수렵채집의 유형'이었으나, 새로운 물결이 일어나 '농업의 시대'로 전환되었다고 했다. 두 번째 물결이 일어나 농업시대가 저물고 '산업화의 시대'가 개막되었다고 했다. 세 번째 물결이 일어나 산업화의 시대에서 지식과 정보가 중시되는 '후기 산업화 시대'로 전환되었다고 했다.

Alvin Toffler - Wikipedia.

　피터 와그너의 제 3의 물결도 이와 상당히 유사하다. 피터 와그너는 성령의 첫 번째 물결이 1900년대 초의 '아주사 부흥'Azusa Street Revival과 함께 일어난 오순절 운동Pentecostal Movement이라고 했다. 그리고 두 번째 성령의 물결은 1960-70년대에 캘리포니아에서 '은사 운동'Charismatic Movement, 또는 '신오순절주의'Neo-Pentecostalism 이라는 명칭으로 일어나 교파를 초월하여 여러 지역의 다양한 교단들 속으로 확산되었다고 했다. 그리고 세 번째 성령의 물결이 1980년대에 존 윔버의 '빈야드운동'과 함께 일어났다고 했다.

피터 와그너의 성령의 물결이라는 말을 좀 더 정확하게 표현하면 '새로운 성령세례의 패턴' 또는 '성령의 권능이 나타나는 새로운 모습'이라고 할 수 있다. 그는 1900년대 들어서 하나님께서는 세 번에 걸쳐서 성령세례의 물결을 일으키셨는데, 첫 번째와 두 번째의 성령의 역사가 나타나는 패턴은 거의 동일하였다고 했다. 그러나 존 윔버의 빈야드운동과 함께 출현한 세 번째 성령세례의 패턴은 이전까지 나타나지 않았던 새로운 양상이라고 보았다. 그것이 바로 지금 도처에서 기승부리고 있는 신사도운동의 성령운동이다.

## 1. 제 3의 물결의 성령세례, 방언

피터 와그너는 성령의 제 1의 물결이었던 오순절 운동과 제 2의 물결이었던 은사운동에서는 한 신자에게 성령세례가 반복된다고 가르쳤으나, 제 3의 물결을 선보인 빈야드운동을 통한 성령의 역사는 한 신자에게 성령세례를 반복시키지 않는 것이 특징이라고 주장했다. 그리고 방언의 은사도 이전의 성령의 물결과는 달리 성령세례와 반드시 동반되는 것이 아니라고 주장했다. 피터 와그너가 성령세례와 방언에 대해 어떻게 주장했는지 보자.

"나의 첫 번째 관점은 신약성서가 성령의 능력으로 채워지는 그리스도인의 체험을 성령세례baptism라는 표현보다 성령으로 충만하게 된다

filling고 표현한다는 것이다. 사실 오순절 날의 경험 그 자체에 대한 성경의 이야기는 신자들이 성령세례를 받았다는 표현이 아니라 성령으로 충만해졌다행2:4라는 것이다. 성령강림은 유대인들에게 복음이 전파되고행 2장, 사마리아인들에게 복음이 전파되고행8장, 이방인들에게 복음이 전파되는행 10장 중대한 역사적 단계들마다 한 번 일어난 것으로 나는 이해하고 있다. 그러므로 신자들은 여전히 성령으로 충만해질 필요가 있다. 사도행전 4:30절에서 등장하는 사람들의 일부는 사도행전 2장의 오순절의 일을 경험한 사람들이었다. 특히 베드로와 요한은 분명히 사도행전 2장의 오순절을 경험한 사람들이다. 그러나 그날 그들은 다시 성령으로 충만해졌다. 또 다른 성경의 사례도 찾을 수 있다. 나는 성령으로 충만해진다는 것은 사람이 한번 태어나는 것과 같이 딱 한 번의 경험으로 제한되는 것이 아니고, 그리스도인들의 전 인생에 걸쳐 계속해서 반복되어지는 것이라고 믿는다." C. Peter Wagner, *How to Have A Healing Ministry Without Making Your Church Sick*, pp. 25-26.

오순절 운동가들이 성령세례가 한 신자에게 반복적으로 나타난다고 가르치는 것과 달리 피터 와그너는 성령세례라는 말을 가급적 사용하지 않으려고 노력하는 흔적이 뚜렷하게 나타난다. 오순절 운동 신학자들은 성령강림도 단회적인 사건이 아니고 시대마다 수시로 반복되는 일이라고 주장하지만, 피터 와그너는 사도행전의 중대한 역사적 단계에서 3번 있었던 일이라고 한다. 오순절 운동 신학자들과 피터 와그너의 성령세례에 대한 신학의 차이가 있는 것은 사실인 것처럼 보인다.

"나의 두 번째 관점은 성령세례는 우리의 일생에서 단 한 번의 사건이고, 그 일은 우리가 영적으로 거듭나는 순간에 벌어지는 일이라는 것이다." 앞의 글.

피터 와그너는 성령세례는 신자의 일생에서 단 한 번의 일이라고 분명하게 말하고 있다. 그는 성령세례가 예수 그리스도를 믿고 거듭나는 순간에 일어난다고 말하였다. 성령세례에 대한 피터 와그너의 말은 개혁주의 신학자의 성령론과 정확하게 일치하는 것 같다.

"나의 세 번째 관점은 방언을 말하는 것은 영적인 은사라는 것이다. 방언을 말하는 것은 그리스도의 몸 된 교회에 '각 사람에게 그 뜻대로' 고전 12:11 나누어주시는 27개의 은사들 가운데 하나이다. 방언 말함은 영적인 은사이다. 어떤 사람은 방언의 은사를 받고 어떤 사람은 방언의 은사를 받지 못한다. 어떤 사람이 복음전도자의 은사, 접대하는 은사, 가르치는 은사를 받는 것에 반하여 어떤 사람은 그런 은사를 받지 못한다." 앞의 글.

오순절 운동가들은 방언을 성령세례에 동반되는 절대적 증거로 간주하지만, 제 3의 물결을 주장하는 피터 와그너는 방언이 많은 성령의 은사들 가운데 하나일 뿐이라고 한다. 방언을 받는 사람도 있고, 다른 은사들을 받는 사람도 있다고 한다. 확실히 피터 와그너의 제 3의 물결의 성령론은 이전의 오순절 운동의 성령론과 많이 달라 보인다.

"나의 네 번째 관점은 방언을 말하지 않으면서도 성령으로 충만하고, 성령의 열매를 드러내고, 성령의 은사를 통하여 능력있게 사역하고, 그리고 귀신을 추방하고 병든 사람을 치료하는 하나님의 통로가 될 수 있다는 것이다. 사도 바울은 다음과 같이 질문을 제기하였다. '모든 사람들이 방언을 말하겠느냐?'고전 12:30 이 질문에 대한 대답은 'NO'라는 사실은 너무나 분명하다. 그러므로 당신은 제3의 물결 신학에서는 오순절운동가들의 관점에서 성령세례를 받으라고 가르치고, 다른 은사들보다 방언을 더 강조하는 사람을 볼 수 없을 것이다." 앞의 글.

피터 와그너는 더욱 더 분명하게 방언에 대하여 오순절 신학과 다른 내용을 말하고 있다. 성령충만하면서도 방언의 은사를 받지 않은 신자들이 많이 있으며, 방언 대신에 귀신을 추방하거나 병든 사람을 치유하는 등의 은사를 받아서 봉사하는 많은 사람들이 있다고 한다. 이것이 피터 와그너가 주장한 제 3의 성령의 물결이 이전의 오순절 운동, 은사 운동과 구분되는 점이다. 피터 와그너는 제 3의 물결 속에서의 성령세례와 방언의 관계가 이전의 오순절 운동과 은사 운동 때와는 달라졌다는 사실을 더욱 분명하게 설명하기 위해 자신의 아내의 경우를 예로 들었다.

"나는 방언의 은사를 받고자 신실하게 노력하고 구하였으나 끝내 방언의 은사를 받지 못한 매우 성숙한 그리스도인 형제들과 자매들을 알고 있다. 방언을 말하지 못한다 하여 그들이 성령으로 충만하지 못한 자들이라고 말하는 것은 사실이 아니며 또한 목회적으로 매우 어리석은 일에 해당된다. 나의 아내 도리스Doris도 그러한 경우에 해당한다. 그녀는 방언에 대해서 열려있는 적극적인 자세를 가지고 있지만 아직까지 방언의 은사를 받지 못했다. 그러나 나의 아내를 사람들이 귀신을 쫓아내기 위해 도움을 구하는 사람 중의 하나이다. 그녀에게는 귀신을 내어쫓는 은사는 있으나 방언하는 은사는 없는데, 오순절 은사주의 신앙을 가진 형제들과 자매들이 이러한 점을 이해하지 못한다." C. Peter Wagner, *Your spiritual gifts can help your church growth* (Ventura, California: Regal Book, 2005), p. 221.

성령세례와 방언에 대한 피터 와그너의 주장을 요약하면 다음과 같다.

1) 제 3의 물결에서는 성령세례가 반복되지 않는다. 제 3의 물결에서는 성령세례는 거듭나는 순간에 일어나는 단 한 번의 사건이다.
2) 제 3의 물결에서는 성령세례가 반복되지 않고 성령충만을 지속적으로 받는다.
3) 제 3의 물결은 성령세례의 징조로 방언이 절대시되지 않는다. 오순절 운동에서는 방언이 성령세례의 절대적 징조로 여겨졌으나, 제 3의 물결에서는 다양한 은사들이 나타난다.

피터 와그너의 이런 주장은 이전의 오순절 운동가들의 성령세례의 이론과는 매우 달라 보이고, 특히 방언에 관한 이론은 더욱 더 다르다. 그러나 사실 내막을 알고 나면 성령세례에 대한 그의 주장이 이전의 오순절 운동가들의 이론에서 크게 벗어나지 않았다는 것을 알 수 있다. 본격적인 오순절 운동이 시작되기 이전에 성령세례 이론을 가장 먼저 수립했던 토레이R. A. Torrey, 1856-1928가 이미 피터 와그너의 주장과 동일한 내용을 가르쳤다. 토레이는 맨 처음에 경험되어지는 성령의 임재를 성령세례라고 부르고, 그 이후에 경험되어지는 성령의 임재를 성령충만이라고 부르는 것이 좋겠다고 다음과 같이 말하였다.

> "혹자는 '이렇게 계속적으로 성령충만을 받는 것을 가르쳐 추가적인 성령세례라 부를 수 있는가?'라고 물을지 모르겠다. 이에 대해 나는 '세례라는 표현은 두 번째 체험에 대해 결코 사용되지 않는다'라고 대답하겠다. 세례라는 말에는 무엇을 새로 시작한다는 개념이 포함되어 있다. 그러므로 성경적 표현에 충실하려고 한다면, 두 번째 체험에 대해 세례라는 말을 사용하지 않고 오직 첫 번째 체험에 대해서만 이 말을 사용하는 것이 더 좋을 것이다…… 그러나 성령세례라는 표현을 첫 번째 체험에만 국한하여 사용하는 것이 더욱 성경적이기 때문에 성령세례는 한 번이고, 성령충만은 여러 번이라고 말하는 것이 좋을 것이다." R. A 토레이, 「성령세례 받는 법」 (이용복 역)(서울: 규장, 2011), 116쪽.

신자에게 성령세례가 계속 반복적으로 임한다는 이론을 가진 사람들이 맨 처음의 성령의 임재에 한하여 성령세례라 말을 사용하고, 그 이후에 반복적으로 경험되어지는 성령의 임재를 성령세례라고 말하지 않고 성령의 충만이라고 부르기를 좋아한다는 것이 토레이의 말을 통해서 확인된다. 그러므로 맨 처음의 성령의 임재에 대해서만 성령세례라고 부르고, 그 이후의 성령의 임재를 성령충만이라고 부르겠다는 피터 와그너의 말은 결코 새로운 내용이 아니고, 약간 표현이 다를지라도 여전히 오순절 신학의 성령세례 사상에서 벗어나지 않았다고 이해되어야 할 것이다.

그러나 피터 와그너가 성령세례가 반복되지 않는다고 주장했다고 하여 제 3의 물결에서 오순절 운동의 성령세례와 같은 현상이 나타나지 않는 것은 아니다. 제 3의 물결에서도 오순절 운동의 성령세례가 반복될 때 나타나는 현상들, 즉 쓰러짐, 몸의 진동, 환상, 입신, 황홀경, 방언과 방언통역, 예언 등의 불건전한 현상이 그대로 나타나는데, 다만 명칭을 달리할 뿐이다. 제 3의 물결에서는 오순절 운동에서 성령세례로 여겨지던 현상들이 '성령의 기름부음'이라는 개념으로 설명되었다. 다음은 피터 와그너가 제 3의 물결의 성령의 역사를 배우고 경험했던 존 윔버와 자신의 플러신학교에서의 공동강의 '기사, 이적, 교회성장'MC530에서 존 윔버와 학생들 사이에서 벌어진 일을 회고하는 내용이다.

> "예외 없이 기도할 때마다 하나님께서는 능력을 보고 느낄 수 있는 방식으로 드러내어 주셨다. 많은 학생들이 육체적인 질병을 고침 받았고, 또한 많은 학생들이 정신적, 영적인 치유를 경험했다. 어떤 사람들은 성령으로 충만해졌었다. 어떤 학생들이 처음으로 손을 내 밀어서 다른 병든 사람을 위해서 기도하였고, 그때마다 사람들이 치유되는 것을 보았다. 어떤 사람은 성령의 기름부으심을 받으며 몸이 진동했고, 어떤

사람은 그대로 누워있었다." C. Peter Wagner, *The Third Wave of Holy Spirit*, p.28.

존 윔버가 수업을 인도했던 강의실에서 존 윔버의 기도를 받고 학생들에게 놀라운 성령의 역사하심이 나타났는데, 그 모습은 즉각적인 치유, 몸을 가누지 못하고 누워있는 현상, 몸의 진동하는 현상 등이었다고 한다. 그런데 피터 와그너는 그 모습을 성령의 세례라고 하지 않고, 성령의 기름부으심이라고 했다. 피터 와그너가 주장한 제 3의 물결 시대에도 이전 오순절 운동의 성령세례 현상들이 그대로 나타나지만, 단지 명칭이 성령의 기름부음이라고 표현되고 있다는 것이다.


1) 정통 신학의 성령세례

정통 신학에서 가르치는 성령세례에 대해 한번 정리해 보자. 성경에는 성령세례라는 말은 없고, "너희에게 성령으로 세례를 베푸시리라"막 1:8, "너희는 성령으로 세례를 받으리라"행 11:16라고 나온다. 이 표현을 줄여서 성령세례라고 말하고 있다. 물로 세례를 주었던 세례 요한이 자기 후에 오시는 분이 성령으로 세례를 베푼다고 예고하였다. 그것은 하나님의 백성의 죄 문제를 해결하여 의롭다하심을 얻게 한 후 하나님이 친히 믿는 자의 몸과 마음을 성전 삼으시기 위해 신자의 몸과 마음속으로 임재하시는 것을 의미한다.

"그는 너희와 함께 거하심이요 또 너희 속에 계시겠음이라"요 14:17.

"그가 또한 우리에게 인치시고 보증으로 우리 마음에 성령을 주셨느니라"고후 1:22.

예수 그리스도의 피로 죄 문제가 해결된 신자에게 하나님이 자기의 영을 부어주시는 성령세례를 신자의 입장에서는 "성령 받는다"라고 표현할 수도 있다. 그리스도인에게 임하는 성령세례 또는 성령받음은 이미 구약에서 예언되었고, 아담의 타락 직후부터 시작된 예수님을 통한 하나님의 구속 사역의 목표였다. 신자의 몸과 마음속으로 하나님이 친히 임재하시어 거하시는 신약의 성전이 구약에서는 다음과 같이 예언되었다.

"내가 그들에게 한 마음을 주고 그 속에 새 영을 주며 그 몸에서 돌 같은 마음을 제거하고 살처럼 부드러운 마음을 주어 내 율례를 따르며 내 규례를 지켜 행하게 하리니 그들은 내 백성이 되고 나는 그들의 하나님이 되리라"겔 11:19,20.

"또 새 영을 너희 속에 두고 새 마음을 너희에게 주되 너희 육신에서 굳은 마음을 제거하고 부드러운 마음을 줄 것이며 또 내 영을 너희 속에 두어 너희로 내 율례를 행하게 하리니 너희가 내 규례를 지켜 행할지라 내가 너희 조상들에게 준 땅에서 너희가 거주하면서 내 백성이 되고 나는 너희 하나님이 되리라"겔 36:26-28.

"그 날 후에 내가 이스라엘 집과 맺을 언약은 이것이니 내 법을 그들의 생각에 두고 그들의 마음에 이것을 기록하리라 나는 그들에게 하나님이 되고 그들은 내게 백성이 되리라"히 8:10.

신앙을 어지럽히는 이단들은 성령세례를 능력이나 은사 중심으로 이해하는 경향이 강하다. 성령세례의 결과로 은사가 나타나는 것은 사실이나, 그것에만 강조를 두면 미혹의 길로 빠지기 쉽다. 구약에서 예언된 것처럼, 성령세례의 핵심적 의미는 그리스도의 피 공로로 아담의 죄와 저주에서 해방되어 하나님의 친밀한 백성 신자들에게 하나님이 친히 임하시어 하나님과 하나님 백성 사이에 막힘없고 간격 없는 교제가 실현되게 하는 것이다. 이것이 성령세례의 핵심적인 의미이다.

아담으로부터 시작된 죄 문제가 해결되지 않았으므로 구약의 백성들은 아무도 성령을 받지 못했고, 단지 성령이 그들의 외부에서 동행했을 뿐이다. 예수 그리스도의 피의 은혜로 죄가 씻어진 신약의 신자들에게 하나님께서 그리스도의 의를 전가하시어 의롭다하심과 함께 성령을 부어주셨다. 하나님이 신약의 신자들에게 성령을 부어주신 것이 성도의 성령 받음 또는 성령으로 세례를 받음이다. 성령의 세례는 신자의 일생에서 단 한 번으로 완전하게 이루어진다.

성령세례가 신자의 일생에서 계속 반복된다고 주장하는 사람들은 맨 처음의 성령세례는 구원의 성령을 받는 것이고, 이후의 성령세례는 능력의 성령을 받는 것이라고 주장한다. 그들이 제시하는 성경적 근거는 예수 그리스도의 사도들의 신앙의 성장 과정이다. 그들의 이론은 다음과 같다.

"베드로와 다른 사도들이 이미 사복음서 시대부터 예수님을 만나 구원을 얻었고, 성령의 능력으로 귀신도 쫓았다. 사도들은 이미 사복음서의 상황에서 성령세례를 받았던 것이다. 그러나 예수 그리스도가 위기에 처했을 때 모두 주를 버리고 도망치고 말았다. 철저하게 실패했던 사도들은 사도행전 2장에서 추가적인 능력의 성령세례를 받은 후 죽음도 불사하고 예수 그리스도를 증거하는 능력의 사람들로 거듭났다. 그러므로 모든 성도들은 사도들처럼 처음 믿을 때 구원의 성령세례를 받았을지라도 이후에 주어지는 능력의 성령세례를 사모하여야 한다."

성령세례를 반복적으로 경험해야 한다고 주장하는 사람들의 이 논리는 매우 그럴싸하지만, 심각하게 성경의 진리를 왜곡하는 거짓말이다. 왜냐하면 엄밀히 말해 사복음서 시대에 역사하신 성령과 예수 그리스도의 부활, 승천 이후에 역사하신 성령은 같은 분이시지만 기능적으로 전혀 다른 분이시기 때문이다. 십자가와 부활이 일어나기 전의 성령은 예수 그리스도를 대신하시고, 예수 그리스도의 십자가의 구속을 적용하는 역할을 하시지 않았다. 부활하신 예수 그리스도가 승천하시어 아버지 하나님께 자기의 십자가의 보혈의 효력을 지상의 신자들에게 적용하여 주시는 성령을 파송하여 주시도록 요청하시었다.

"내가 아버지께 구하겠으니 그가 또 다른 보혜사를 너희에게 주사 영원토록 너희와 함께 있게 하려 하시니리"요 14:16.

"보혜사 곧 아버지께서 내 이름으로 보내실 성령 그가 너희에게 모든 것을 가르치고 내가 너희에게 말한 모든 것을 생각나게 하리라"요 14:26.

"내가 아버지께로서 너희에게 보낼 보혜사 곧 아버지께로서 나오시는 진리의 성령이 오실 때에 그가 나를 증거하실 것이요"요 15:26.

예수 그리스도의 피의 제사를 만족하게 받으신 성부 하나님께서 요청을 들어주셨다. 죄 씻음 받은 지상의 신자들 속에서 친히 거하시기 위해 예수 그리스도의 이름으로, 즉 예수 그리스도의 십자가의 효력을 적용하는 성령을 부어주셨다. 구약 시대의 성령과 달리 예수 그리스도의 이름으로 오시는 성령은 신자들의 몸과 마음 속으로 임하셨다.

"너희는 저를 아나니 저는 너희와 함께 거하심이요 또 너희 속에 계시겠음이라"요 14:17.

"너희가 하나님이 우리 속에 거하게 하신 성령이 시기하기까지 사모한다 하신 말씀을 헛된 줄로 생각하느뇨"약 4:5.

"그의 성령을 우리에게 주시므로 우리가 그 안에 거라고 그가 우리 안에 거하시는 줄을 아느니라"요일 4:13.

예수 그리스도의 십자가와 부활 이전에 역사하신 성령과 이후에 역사하신 성령은 같은 하나님이시지만, 역할과 기능에 있어서 완전히 다른 분이다. 십자가와 부활 이전의 신자들에게는 예수의 이름으로, 예수의 십자가의 피의 효력을 적용하시며 신자들의 몸과 마음 속으로 임하시는 성령의 사역이 존재하지 않았다. 그때에는 아무에게도 성령의 세례가 없었고, 단지 성령이 동행하시었을 뿐이다. 그러므로 사도들이 십자가와 부활 이전에 이미 성령세례를 받은 상태였다는 주장은 옳지 못하다. 그들도 이전의 구약의 신자들처럼 성령이 동행하여 주시는 은혜를 누렸을 뿐이었다. 그리고 그들은 승천하신 예수 그리스도가 사도행전 2장의 오순절 날에 지상에 자기를 대신하는 성령을 보내주시던 날 신약의 성도들 가운데 최초로 성령세례를 받았다.

예수님을 지상에서 활동하시면서 제자들을 양육하셨던 사복음서 시대는 역사상 단 한번 잠시 존재했던 과도기였다. 사복음서 시대는 신약의 교회를 세우기 위하여 준비하는 과정이었고, 신약의 교회는 예수 그리스도의 십자가와 부활에 근거하여 사도행전 2장의 오순절 날에 지상에 성령이 강림하시면서 시작되었다. 이후 사복음서 시대와 사도행전 시대를 모두 경험하면서 신앙의 여정이 발전하는 사람은 다시 나타나지 않는다. 그러므로 사복음서 시대와 사도행전 시대를 이야기하면서 구원의 성령을 먼저 받은 후 능력의 성령을 추가적으로 받아야 한다는 주장은 거짓이다.

성령세례를 받은 후에는 성령의 충만을 얻는 과정이 시작된다. 성령충만은 성령을 더 받는 것이 아니고, 또 어떤 사람이 성령의 통상충만에서 성령의 비상충만으로 도약하는 것도 아니다. 이미 우리 속으로 오신 성령이 우리의 마음과 생각을 인격적으로 다스리고 지배하여 주심을 누리는 것이 성령충만이다. 성령충만을 얻기 위해 할 일은 성령이 역사하시는 중요한 요소인 하나님의 말씀을 힘써 배우고, 그 말씀대로 살기를 위해 늘 기도하고 순종하기를 애쓰는 것이다.

사복음서 수준의 성령세례에 만족하지 말고 사도행전 수준의 성령세례를 사모해야 한다는 주장은 거짓 영들이 교회를 침략하도록 돕는 이단적인 가르침이다. 사복음서 상태의 성령세례를 받으면 오직 그것을 경험한 그 자신만의 내적인 확신으로 머물고, 사도행전의 성령세례를 받으면 자신도 알고 주변의 남들도 알게 되는 외적인 능력의 변화가 일어난다는 가르침은 매우 비성경적이다. 성령세례는 오직 한 번이고, 이후에는 성령의 다스리심을 누리는 성령충만의 과정만 있으므로 오순절 신학이나 신사도 신학이 가르치는 성령에 대한 이론들을 분별하여야 한다.

## 2) 정통신학의 기름부음

피터 와그너가 주장한 제 3의 성령의 물결은 이전의 오순절 운동처럼 같은 사람에게 계속 반복되는 성령세례를 말하지 않는다. 그 대신에 '성령의 기름부음'이 일어난다고 하는데, 그때 나타나는 거짓 방언, 거짓 예언, 쓰러짐, 몽롱해짐, 환상, 성령춤, 영서, 향기 등의 현상들을 보면 오순절 운동이 말하는 성령세례와 조금도 다르지 않다. 과연 성령의 기름부음이라고 하는 것은 존재하는 것일까?

먼저 하나님의 기름부음이라는 개념은 존재하지만 성령의 기름부음이라는 개념은 기독교에 존재하지 않다는 것부터 지적해야 한다. 구약시대에는 실제로 기름을 붓는 형식이 있었는데, 그 일은 삼위일체 하나님의 명령을 받은 특별한 사람이 했던 일이다. 사무엘이 다윗에게 찾아가 기름을 부었던 일을 생각하여 보자. 사무엘이 다윗에게 기름을 부었으나, 그 일을 시킨 분은 삼위일체 하나님이셨다. 하나님이 다윗에게 기름을 부은 것이지 성령이 다윗에게 기름을 부은 것이 아니다. 신약시대에는 실제로 기름을 붓는 일을 하지 않으나 영적인 성령의 사역을 기름부으심이라고 한다. 성령의 기름부음이라는 말은 성령이 누구를 위해 자신을 일하게 한다는 뜻이므로 맞지가 않다. 하나님께서 신자를 위해 성령을 보내시고 성령의 역사를 일으키시므로 하나님의 기름부음이라고 말해야 맞다. 성령의 기름부음이라는 말은 신학적으로 맞지도 않으며, 불건전한 일을 조장하는 신비한 분위기를 만드는데 이용되기 좋으므로 더 말하지 않는 것이 좋을 것이다.

먼저 구약 시대의 기름부음에 대해 생각해 보자. 구약 시대에는 기름부음을 통해 하나님을 위해 선별되었음을 표시하였다. 하나님을 위해 특별한 용도로 사용되어질 물건에 기름을 발랐고, 하나님의 일을 감당하도록 선택된 사람에게도 기름을 부었다. 주로 왕과 제사장이 될 사람에게는 반드시 기름을 부었고, 선지자로 세워지는 사람들에게는 기름을 붓기도 했고 붓지 않기도 했다. 더 많은 선지자들이 기름부음의 형식을 거치지 않고 곧 바로 하나님이 주시는 예언을 사람들에게 전파하였다.

그리고 실제로 전혀 기름부음을 받지 않았으나 하나님의 특별한 일을 수행하는 도구로 선택된 사람도 '기름부음 받은 사람'이라고 표현되었다. 이스라엘 백성들을 종살이 시켰던 바벨론을 패망시키는 하나님의 도구로 선택된 페르시아의 왕 고레스는 한 번도 하나님의 기름부음을 받지 않았다. 그러나 성경에게 그가 하나님의 기름부음을 받은 사람이라고 표현되어 있다.

> "여호와께서 그의 기름부음을 받은 고레스에게 이같이 말씀하시되"사 45:1.

기름부음이 있은 후에는 하나님의 신이신 성령이 그 사람에게 찾아가셨다. 소년 다윗은 사울 왕 몰래 은밀하게 찾아온 사무엘로부터 기름부음을 받았는데, 그 후부터 하나님의 신이 그에게 오시어 감동하시기 시작했다.

> "사무엘이 기름 뿔을 취하여 그 형제 중에서 그에게 부었더니 이 날 이후로 다윗이 여호와의 신에게 크게 감동되니라"삼상 16:13.

기름부음을 받는 사람에게 성령의 특별한 역사하심이 시작되는 이유는 하나님이 그 사람을 특별하게 쓰시려고 준비하신 것이다. 기름부음을 받은 다윗은 이후 더욱 더 믿음이 충만해졌고 이스라엘 백성들의 신임을 한 몸에 받기 시작했다. 하나님의 성신의 감동하심으로 말미암아 하나님이 주시는 시편의 예언들을 남기게 되었다. 성령의 감동하심으로 말미암아 다윗이 선지자 사역까지 감당하였던 것이다.

> "형제들아 내가 조상 다윗에 대하여 담대히 말할 수 있노니 다윗이 죽어 장사되어 그 묘가 오늘까지 우리 중에 있도다 그는 선지자라 하나님

이 이미 맹세하사 그 자손 중에서 한 사람을 그 위에 앉게 하리라 하심을 알고"행 2:29,30.

신약 성경에도 기름부음이라는 말이 나온다. 신약 성경은 예수 그리스도를 통하여 하나님 백성이 된 모든 사람에게 기름부음이 있다고 표현한다. 정확하게 말하자면, 예수 그리스도의 피로 죄 사함을 받은 신자들 속에 거하는 성령이 기름부음이라고 신약 성경은 표현한다.

"주께 받은 바 기름부음이 너희 안에 거하나니"요일 2:27.

죄를 속하시는 그리스도의 피의 효력이 신자들에게 덧입혀지는 신약 시대에는 구약 시대와 달리 하나님의 신이 신자들과 곁에서 동행하는 것이 아니라, 신자들의 몸과 마음으로 임하신다. 이것이 신약의 신자들이 믿음으로 얻는 영적인 기름부음이다. 우리 속에 거하시는 성령을 신약 성경은 기름부음이 거한다고 말하는 것이다. 신약 시대에는 그리스도의 피 공로를 적용받음이 기름부음을 받는 것이고, 그리스도의 속죄의 피 제사의 효력으로 죄가 없는 것처럼 된 신자들의 속으로 성부, 성자와 같은 신적본성을 공유하시는 성령이 임하시는 것이 기름부음이다. 하나님이 성도에게 성령을 보내주셨다는 것과 성도가 하나님으로부터 기름부음을 받았다는 것은 같은 뜻이다. 다음의 성경 말씀을 보라!

"너희는 거룩하신 자에게서 기름부음을 받고"요일 2:20.

"주께 받은 바 기름부음이 너희 안에 거하나니"요일 2:27.

그러므로 예수 믿는 성도가 더 많은 기름부음을 받겠다고 안수하는 집회에 찾아가는 것은 어리석다. 왜냐하면 성령은 더 많이 받고 또는 더 적게 받는 그런 분이 아니기 때문이다. 기름부음이 넘치는 찬양집회, 기름부음이 넘치는 기도회, 기름부음이 넘치는 특별프로그램…… 등은 화려한 말잔치일 뿐이지 실제로는 아무것도 아님을 알아야 한다.

성령의 기름부음을 주장하는 사람들은 자신들의 주장의 근거를 예수 그리스도에게서 찾으려고 한다. 왜냐하면 신약 성경에 예수 그리스도께서도 기름부음을 받은 것처럼 묘사되어 있기 때문이다.

> "예수께서 그 자라나신 곳 나사렛에 이르사 안식일에 늘 하시던 대로 회당에 들어가사 성경을 읽으려고 서시매 선지자 이사야의 글을 드리거늘 책을 펴서 이렇게 기록된 데를 찾으시니 곧 주의 성령이 내게 임하셨으니 이는 가난한 자에게 복음을 전하게 하시려고 내게 기름을 부으시고 나를 보내사 포로 된 자에게 자유를, 눈 먼 자에게 다시 보게 함을 전파하며 눌린 자를 자유롭게 하고 주의 은혜의 해를 전파하게 하려 하심이라 하였더라"눅 4:16-19.

예수께서는 고향의 회당에서 최초로 말씀을 전하실 때 구약의 이사야 선지자의 메시야 예언 부분을 읽으셨다. 이날 예수께서 택하신 구약의 본문은 바로 이 부분이었다.

> "주 여호와의 영이 내게 내리셨으니 이는 여호와께서 내게 기름을 부으사 가난한 자에게 아름다운 소식을 전하게 하려 하심이라 나를 보내

사 마음이 상한 자를 고치며 포로된 자에게 자유를, 갇힌 자에게 놓임을 선포하며 여호와의 은혜의 해와 우리 하나님의 보복의 날을 선포하여 모든 슬픈 자를 위로하되"사 61:1,2.

이사야는 죄로 인하여 병들고 죽어가는 하나님 백성을 구원한 기름부음을 받은 메시야에 대해 예언하였다. 메시야는 하나님으로부터 기름부음을 받은 자라고 예언되어 있다. 그런데 예수께서 이 부분을 읽으신 후 다음과 같이 회당의 유대인들에게 말씀하신 것이다.

"이에 예수께서 그들에게 말씀하시되 이 글이 오늘 너희 귀에 응하였느니라"눅 4:21.

예수께서는 바로 자신이 예언된 기름부음을 받은 메시야라고 선언하셨다. 성령의 기름부음을 전파하겠다고 안수 기도하는 집회를 여는 신사도운동가들은 예수께서도 기름부음을 받으셨으므로 모두가 기름부음을 받아야 한다고 한다. 그러나 성경 어디를 보아도 예수께서 세상에 오시기 전에 실제로 하나님으로부터 기름부음을 받았다는 내용은 없다. 그런데 왜 이사야는 예수 그리스도를 기름부음 받은 분으로 예언했을까? 구약 시대에 기름부음을 받아 하나님께 쓰임을 받았던 왕, 대제사장, 선지자의 직분을 완성하시는 완전한 왕, 완전한 제사장, 완전한 선지자가 세상에 오신다는 은유적인 표현이다. 하나님이 자기 백성을 구원할 자로 지목하신 분이 오신다는 뜻이다. 하나님 백성을 구원하시는 하나님의 나라의 완전한 왕, 완전한 제사장, 완전한 선지자가 오신다는 것인데, 그

분은 바로 성육신하신 예수 그리스도이다.

예수 그리스도가 기름부음을 받았다는 성경 말씀은 성육신하신 예수 그리스도가 보통의 인간과 달리 성령과 더불어, 성령을 담지하고 출생하시는 특별한 사람이라는 의미도 내포되어 있다고 볼 수 있다. 하나님의 택하신 자에게 실제로 부어진 구약 시대의 기름부음은 하나님의 신이 그와 함께 하심을 의미했다. 신약 시대에는 성도에게 성령이 임재하신 상태를 기름부음 받았다고 말한다. 예수 그리스도가 기름부음 받은 분으로 이사야 선지자가 표현하였던 것은 그 분이 처음부터 성령과 함께 계셨고, 성령으로 잉태되시었고, 태어날 때부터 항상 성령으로 충만하신 하나님의 특별한 사람임을 의미하는 것이다. 이와 같이 이해하지 않고 실제로 사람에게 하듯 하나님이 예수 그리스도에게 기름부음을 주시었다고 주장하면 심각한 오류에 빠질 수밖에 없다.

그런데 성령세례가 반복된다고 주장하고, 신자들이 성령의 기름부음 받아야 한다고 가르치는 사람들은 거의 대부분 예수께서도 사람처럼 성령으로 기름부음성령세례을 받았다고 주장한다. 메시야 사역을 감당하기 위한 능력을 받는 차원에서 성령을 받으셨다고 가르친다. 다음의 말씀이 예수 그리스도가 성령을 받는 장면을 보여주고 있다고 한다.

"예수께서 세례를 받으시고 곧 물에서 올라오실 새 하늘이 열리고 하나님의 성령이 비둘기 같이 내려 자기 위에 임하심을 보시더니"마 3:16.

요단강에서 세례 요한에게 세례를 받으실 때 성령이 비둘기 같이 내려 예수 위에 임하신 것이 예수에게 기름부음이 임하는 장면이라는 것이다. 하나님이신 예수께서도 공생애를 감당하시기 위해 능력을 주시는 성령의 기름부음을 받았으므로 우리 모두가 그와 같이 능력을 주시는 성령세례나 기름부음을 받아야 한다는 것이다. 비성경적인 성령 이해와 주장을 가지고 있는 거의 모든 사람들이 이와 같이 말한다. 아주사 거짓 부흥을 일으켜서 비성경적인 성령세례 사상을 온 세상에 전파한 오순절 운동의 선구자 윌리엄 세이모어William Seymour, 1870-1922도 예수 그리스도가 요단강에서 성령세례를 받았다고 주장했다.

> "우리 주님은 요단강에서 성령의 권능을 받으신 후 성령의 능력과 함께 갈릴리로 돌아가셨습니다. 그 곳으로부터 주님의 명성이 주변의 모든 곳으로 전파되었습니다." Roberts Liardon, *The Azusa Atreet Revival* (Shippensburg, PA: Destiny Image, 2006), p. 127.

> "사랑하는 성도들이여! 하나님이신 예수께서도 사역과 이적을 위해 자신에게 능력을 주는 성령을 구하였다면, 오늘 날 우리 보통의 하나님의 자녀들에게 성령세례가 얼마나 더 절실하게 필요하겠습니까?" 앞의 글.

> "회당에서 전파하신 이 설교는 주님이 요단강에서 성령세례 받으신 후 첫 번째 하신 설교입니다." 앞의 글.

> "주님은 하나님의 아들이시고, 성령으로 잉태되셨고, 성령으로 충만하셨습니다. 그러나 요단강에서 주님의 성화된 인성 위에 성령세례가 임

하였습니다." 앞의 글, p. 128.

　1900년대 초에 사도행전 2장의 오순절 성령의 역사를 본격적으로 교회 속으로 재현하여 이미 성령을 받고 거듭난 신자들에게 능력을 주는 성령세례를 받는 운동의 조상이 된 세이모어는 예수 그리스도의 신성과 인성을 분리하여 이해하였다. 예수의 신성은 성령세례를 받을 필요가 없었으나 예수의 인성은 능력을 주는 성령세례를 받아야 했다고 보았다. 실제로 예수가 요단강에서 성령세례를 받은 후 메시야의 능력이 나타났으므로 이미 구원받은 신자들도 능력을 얻기 위해 예수 그리스도처럼 추가적인 성령세례를 받아야 한다고 했다.

　한국 교회에서 가장 대표적으로 성령의 기름부음 운동을 하고 있는 사람은 손기철 장로이다. 손기철 장로의 기름부음 이론도 예수 그리스도에서부터 시작된다. 손기철은 예수 그리스도가 메시야 공생애를 시작하시기 직전 요단강에서 성령의 능력을 얻는 기름부음을 받았다고 자신의 대표작 「기름부으심」에서 다음과 주장했다.

　"예수님은 세례 요한에게서 세례를 받은 후부터 공생애를 시작하였으며, 우리는 그때부터 그 분을 '예수 그리스도'라고 부릅니다. 왜냐하면 세례 요한에게 세례를 받을 때 단지 물세례만 받은 것이 아니라 물 위로 올라오실 때 성령세례를 받았고, 그 결과로 기름부으심을 받았기 때문입니다. '그리스도'는 헬라어이고, 히브리어로는 '메시야'이며, 그 뜻은 '기름부으심을 받은 자'입니다…… 우리는 이 말씀을 통하여 예수님은 세례를 받으신 후 성령충만하셨고, 뒤이어 성령의 권능이 나타나게 되었다는 것을 알 수 있습니다…… 예수께서는 기름부음을 받으신 후 권능을 가지고 하나님의 뜻을 행하셨다는 것입니다. 그 가르치심에 권세가 있고, 하나님 나라의 비밀을 선포하시고, 권능으로 기사와 표적을 일으키신 것도 바로 기름부으심이 임했기 때문입니다." 손기철, 「기름부으심」 (서울:규장, 2008), 18-19쪽.

손기철은 다른 사람들보다 더 심각해 보인다. 왜냐하면 예수께서 요단강에서 성령을 받은 후부터 그리스도가 되셨고, 그때 기름부음을 받았으므로 이후 표적을 동반하는 권세있는 가르침을 전파하게 되었다고 하기 때문이다.

청교도 개혁신학을 잘 설명하고 전파하여 전 세계의 많은 목회자들에게 큰 유익을 끼친 로이드존스David Martyn Lloyd-Jones, 1899 ~ 1981도 예수 그리스도께서 요단강에서 성령의 기름부음을 받았다고 했다. 로이드존스는 예수께서도 요단강에서 성령의 기름부음을 받고 공생애 사역을 감당할 능력을 얻으셨다고 주장했다. 로이드존스는 개혁주의 신학을 전파하면서 동시에 오순절 운동의 반복되는 성령세례 사상을 강력하게 주장했던 대표적인 사람이다. 그런 사람이 예수도 요단강에서 능력을 주는 성령의 기름부음을 받았던 것처럼, 이미 성령을 받은 모든 신자들이 성령의 기름부음을 더 받아야 한다고 가르쳤다는 것은 참으로 애석한 일이다. 로이드존스는 다음과 같이 주장했다.

"다시 한번 말하면 주님이 세례 요한에게 요단강에서 세례를 받으실 때 성령이 그분에게 임하셨다. 바로 그때 주님은 메시아적 사역과 구원 사역을 위해 기름부음을 받으셨던 것이라고 볼 수 있다. 이것은 우리 모든 그리스도인 개개인에게도 똑같이 적용될 수 있다." 마틴 로이드존스, 「하나님의 자녀: 요한일서 강해 1-3장」 (임성철 역)(서울: 생명의말씀사, 2010), 393쪽.

로이드존스를 비롯한 많은 신학자들에 부흥이 '하나님이 성령을 더 부어주심'이라고 정의되었다. 하나님이 성령을 더 부어주심이 부흥이라고 정의되는데 가장 중요한 역할은 한 사람은 1차 대각성을 주도한 조나단 에드워즈Jonathan Edwards, 1703-1758이다. 에드워즈는 뉴잉글랜드에 하나님께서 성령을 더 부어주시기를 위해 늘 기도하였고, 실제로 코넥티컷 계곡의 부흥Connecticut Valley Revival, 1734-35년과 1차 대각성the First Great Awakening, 1734-35년을 일으켰다. 교회사에 큰 영향을 미친 탁월한 부흥을 일으킨 에드워즈도 예수께서 요단강에서 성령의 능력을 얻는 기름부음을 받으셨다고 다음과 같이 설교했다.

"예수 그리스도는 자신이 영원한 하나님의 아들이셨지만, 기도하여 성령을 받으셨다. '예수도 세례를 받으시고 기도하실 때에 하늘이 열리며 성령이 비둘기 같은 형체로 그의 위에 강림하시더니'라고 누가복음 3장 21,22절에 나온다." The Works of Jonathan Edwards, vol 2, 964. George M. Marsden, Jonathan Edwards: A Life (New Haven, London: Yale University Press, 2003), p.144.

일반적으로 오순절 운동가들은 예수 그리스도의 요단강 세례가 메시야 사역을 감당하기 위한 하나님의 능력이 임하는 성령세례 사건이라고만 말하지만, 에드워즈는 예수 그리스도의 요단강 세례를 개혁주의 신학자들이 일반적으로 가르치는 '메시야 사역 취임식'으로 설명하면서 동시에 능력을 얻는 '성령의 기름부음'을 받는 사건으로 가르쳤다. Jonathan Edwards, A History of te Wrk of Rdemption, WY 9:315. 이상웅, 「조나단 에드워즈처럼 살 수 없을까?」(부흥과개혁사, 2013), 183쪽.

예수께서 세례 요한에게 세례 받으실 성령이 비둘기 같이 예수님 위로 임하신 것이 메시야 사역을 위한 능력을 얻는 성령세례 또는 기름부음을 받는 것이었을까? 요단강에서 세례 받으신 예수께서는 신성으로는 완전한 하나님이셨고 인성으로는 완전한 인간이셨다. 성자 예수 그리스도의 신성과 성부, 성령은 같은 신적 본성을 공유하시는 한 하나님이시다. 성부, 성자, 성령은 분리되지 않고 상호내주하시는 한 하나님이시므로 성자 하나님의 성육신이신 예수 그리스도가 성령을 더 받는다는 것은 허용할 수 없는 말이다. 왜냐하면 성자께서 성령을 받으시고자 요단강에서 세례 요한을 통해 성령세례 또는 기름부음을 받았다는 것은 성부, 성령과 같은 신적 본성을 공유하시고 영원히 분리되지 않으시는 성자 하나님을 분리시키는 것이기 때문이다.

예수 그리스도의 신성은 성령과 분리되지 않는 같은 본성의 하나님이시지만, 예수의 인성은 우리와 동일한 사람이었으므로 메시야 사역을 위하여 성령을 받을 필요가 있었던 것일까? 그렇다고 할 수 없다. 왜냐하면 예수 그리스도 안에서 신성과 인성이 완전하게 연합되어 한 인격을 이루셨기 때문이다. 그러므로 예수의 신성은 성령과 떨어지지 않는 분이라서 성령을 받을 필요가 없었을지라도 인성은 메시야의 공생애 사역을 감당하기 위해 성령을 받아야만 했다는 주장은 옳지 않다. 왜냐하면 예수의 신성과 인성이 성육신 안에서 완전히 연합되시어 한 인격을 가지셨음이 부정되기 때문이다. 그러므로 에드워즈와 로이드존스가 예수께서 메시야 사역을 감당하기 위한 능력을 얻으시기 위해 요단강에서 성령세례 또는 기름부음을 받았다고 가르친 것은 큰 오류였다.

하나님의 성육신 자이신 예수 그리스도의 신앙 여정과 우리 보통의 죄인들의 신앙 여정을 동일시하는 실수로부터 이러한 오류가 나온 것이다. 우리는 아담의 범죄로 인해 영적으로 죽은 상태로 태어났으나 예수 그리스도는 처음부터 죄와 무관하신 분이었다. 우리는 그리스도의 피 공로로 거듭났으나, 예수 그리스도는 죄와 무관하시니 거듭날 필요가 없었다. 우리는 죄 사함을 받고 성령을 받았으나 예수 그리스도는 처음부터 성령을 담지하고 출생하셨다. 우리는 성령으로 충만하기 위해 기도하고 회개하여야 하지만, 예수 그리스도는 시종일관 성령충만하셨고, 회개가 필요하지 않으셨다. 그러므로 우리 죄인들이 성령을 받는 것처럼 예수께서도 출생 이후에 성령을 받으신 것으로 설명하는 것은 오류이다.

그렇다면 왜 예수님은 우리 죄인들보다 더 열심히 하나님께 기도하셨을까? 예수께서는 자신이 우리의 기도를 받으시는 분임에도 불구하고 하나님 백성들을 죄에서 건질 사명을 주신 성부 하나님을 영화롭게 해 드리고자, 그리고 땅의 자기 제자들을 아버지에게 맡기고 부탁하시고자 기도하신 것이다. 그리고 예수께서 늘 기도에 힘쓰시면 기도 생활의 본을 보이신 것은 하나님을 경외해야할 첫 아담의 실패를 회복하여 아담으로 말미암아 저주 받은 자기 백성들을 회복시켜야 제 2의 아담으로서 온전한 신앙의 모습을 보이신 것이다. 첫 아담은 하나님을 경외하기에 너무도 좋은 환경을 주셨음에도 하나님을 경외하지 않고 반역하였다. 두 번째 아담으로 오신 예수는 그 보다 더 어려운 환경에서도 시종일관 하나님을 경외하시며 범사에 감사하고 영광을 돌리셨다. 하나님 백성의 대표로서 완전하시고 아무 흠이 없는 신앙의 삶을 사셨다.

설교자들은 예수 그리스도의 탁월하신 기도 신앙을 이 관점에서 가르쳐야 한다. 메시야 공생애를 감당하기 위한 성령의 능력을 얻으시기 위해 기도하시며 요한에게 세례를 받으시어 성령세례나 기름부음을 얻었다고 하면, 성자의 성육신의 신비와 성령에 관한 성경적인 가르침을 왜곡하게 된다. 성령을 받은 신자가 이후 성령을 받고 또 받는다고 생각하거나, 하나님으로부터 성령이 반복적으로 교회에 부어진다고 여기는 사람들의 신앙 이해가 옳지 못함은 그들이 예수 그리스도의 신앙을 심각하게 왜곡하면서 그 이론을 전개한다는 점에서 여실히 드러난다. 예수 그리스도를 왜곡하는 것은 적그리스도적인 행위에 해당된다고 할 수 있다.

성령의 반복적인 부어주심의 부흥을 주도한 조나단 에드워즈, 그리스도의 십자가의 구속을 적용하시어 구약의 돌 성전을 대체하는 신령한 성전을 구축하시기 위해 임하신 성령의 강림을 2,000년 만에 다시 반복시키는 부흥을 주도한 윌리엄 세이모어의 아주사 부흥, 에드워즈의 비성경적인 성령 사상을 그대로 선전하여 성령을 더 부어주는 부흥 사상을 세계화시킨 로이드존스 등의 가르침은 정통신학개혁신학의 성령론에 큰 위해를 미쳤다.

예수 그리스도가 요단강에서 세례 요한에게 세례를 받으셨던 것은 자신이 십자가에 달려 해결해야 할 자기 백성들의 죄를 하나님의 속죄의 제물이 될 자신에게 전가시키시는 행위로 보는 것이 옳고, 동시에 성부 하나님, 성령 하나님이 메시야 사역을 시작하시는 지상의 성자에게 오시어 자기 백성을 죄에서 건져내시는 복된 사역을 시작하게 됨을 함께 기뻐하신 것으로 보아야 옳다.


### 3) 정통신학의 방언

성경의 방언은 하나님이 사람에게 말씀하시는 은사이지 1906년의 아주사 거짓부흥으로부터 본격적으로 시작되어 갈수록 끝없이 확산되고 있는 현대의 방언 기도하는 은사가 아니었다. 성경의 방언의 특징은 하나님께서 친히 그 당시 이방인들의 실제 언어를 구사하시면서 예수 그리스도의 복음을 설명하신 은사였다. 사도행전 2장을 보면 여러 이방 나라에서 살다 명절을 지키려고 예루살렘에 온 유대인들이 자신들의 현지의 언어로 예수 그리스도의 십자가 사건을 설명하는 이스라엘 사람들을 만나게 된다.

"그들이 다 성령의 충만함을 받고 성령이 말하게 하심을 따라 다른 언어들로 말하기를 시작하니라 그 때에 경건한 유대인들이 천하 각국으로부터 와서 예루살렘에 머물러 있더니 이 소리가 나매 큰 무리가 모여 각각 자기의 방언으로 제자들이 말하는 것을 듣고 소동하여 다 놀라 신기하게 여겨 이르되 보라 이 말하는 사람들이 다 갈릴리 사람이 아니냐 우리가 우리 각 사람이 난 곳 방언으로 듣게 되는 것이 어찌 됨이냐"행 2:6-8.

외국어 훈련이나 외국 생활의 경험이 전혀 없는 이스라엘의 시골 갈릴리 출신 사람들이 지중해 연안의 여러 이방인 나라의 언어들을 구사하면서 예수의 십자가의 의미를 설명하는 것을 보고 유대인들은 큰 충격을 받았다. 그들이 하는 말의 내용은 십자가에 달려 죽은 예수 그리스도라 하는 사람에 대한 것이었다. 이스라엘의 유대교 질서를 어지럽히다가 사형당한 사람이라는 소문을 들었었는데, 그들은 그 예수가 이스라엘 백성들의 죄를 대신하여 속죄의 피를 흘리고 죽은 하나님이 보낸 메시야라고 설명하였다. 그때 베드로가 나서서 십자가에 달려 죽으신 예수 그리스도에 관하여 역사적 관점에서 설명하여 주었다. 그러자 그날 그 자리에 있었던 3,000명이나 되는 유대인들이 예수님을 구주로 영접하였다.행 2:41.

이것이 기독교 역사상 최초로 방언의 은사가 나타나는 장면이다. 방언의 은사는 하나님이 친히 이방인들의 실제 언어로 예수 그리스도에 관한 특별계시 또는 특별계시를 보충하여 설명하는 말씀을 주시는 은사였던 것이다. 사도행전 10장의 최초의 이방인 고넬료 가정이 개종하는 장면, 사도행전 19장의 이방인의 도시 에베소에서 세례 요한의 가르침하에 있었던 사람들이 바울의 전도를 받아 기독교인으로 개종하는 장면에서 방언이 또 등장한다. 사도행전에서 방언에 대한 언급이 2장, 10장, 19장에서만 세 번 나온다. 어느 곳에서도 방언으로 기도하는 은사가 나타났다고 볼 근거는 없다. 고넬료 가정에서 나타난 방언은 그 자리에 있던 베드로와 다른 유대인들에게 하나님이 이방인들도 예수의 복음 안에서 자기 백성으로 삼으신다는 사실을 확증시키는 계시적인 표적으로 나타났다. 이 일로 확신을 가지게 된 베드로는 다른 사도들과 초대교회의 제자들을 설득하여 본격적으로 이방인 선교의 시대를 열었다[행 15:6-11]. 사도행전 19장에서 나타난 방언도 기도하는 은사가 아니었다. 세례 요한의 온전하지 못한 가르침을 중심으로 형성된 이방인들의 모임이 바울의 복음전도로 예수 그리스도의 복음을 믿는 온전한 하나님의 교회가 되었음을 확증하는 하나님의 계시적인 표적이었다고 보아야 맞다.

사도행전에서 나타나는 방언의 은사의 특징을 요약하면 다음과 같다.

　1) 성경의 방언은 기도하는 신비의 언어가 아니라 그 당시 이방인들의
　　　실제적인 언어였다.

　2) 하나님이 친히 말씀하시는 성경의 방언의 내용은 예수 그리스도에
　　　관한 계시적인 말씀이었다.

　3) 성경의 방언은 믿는 유대인들이 믿는 이방인들을 동일한 복음 안에

서 동일한 하나님의 자녀로 인정하게 만드는 하나님의 계시적인 표적이었다.

추가되어야 할 또 하나의 중요한 방언의 의미가 있는데, 그것은 다음과 같다.

4) 성경의 방언은 그리스도를 거부하는 유대인들에 대한 영적인 심판의 선고였다.

"율법에 기록된 바 주께서 이르시되 내가 다른 방언을 말하는 자와 다른 입술로 이 백성에게 말할지라도 그들이 여전히 듣지 아니하리라 하였으니 그러므로 방언은 믿는 자들을 위하지 아니하고 믿지 아니하는 자들을 위하는 표적이나 예언은 믿지 아니하는 자들을 위하지 않고 믿는 자들을 위함이니라"고전 14:21,22.

바울은 이단이 전파한 거짓 방언 기도에 대해 집착하고 있는 고린도의 신자들에게 성경의 방언의 의미를 설명하기 위해 이와 같이 말했다. 신약의 방언의 의미가 구약의 이스라엘에 대한 하나님의 심판의 말씀과 연관되었다는 것이다. 불순종하는 이스라엘 백성들에게 하나님이 전혀 알아들을 수 없는 언어를 구사하는 외국의 군대를 보내어 심판할 것이라는 이사야 선지자의 예언이 신약의 방언의 은사와 관련되어 있다는 것이다.

"그러므로 생소한 입술과 다른 방언으로 이 백성에게 말씀하시리라"사 28:11.

이 예언은 이스라엘 백성들이 전혀 알아듣지 못하는 생소한 언어를 구사하는 포악한 바벨론 군대의 병사들을 통하여 성취되었다. 선지자들을 보내어 수 없이 권면하고 경고하여도 회개하지 않는 이스라엘 백성들에게 사납고 포악한 외국의 군대를 보내어 철저하게 심판하고 멸망시키는 모습으로 이루어졌다. 생소한 외국 말하는 타국의 군대를 보내 불순종하는 이스라엘을 심판하신 하나님이 이제는 그리스도의 십자가 복음을 거부하는 이스라엘을 또 다시 심판하시는데, 그것은 복음에 순종하는 이방인들을 자기 백성으로 삼으시고 끝까지 완악한 유대인들을 버리신다는 것이다. 그 사실을 선언하시는 것이 하나님이 친히 외국말로 그리스도의 복음을 말해주시는 방언의 은사였다. 하나님이 방언으로 하시는 말씀의 내용은 교회의 모든 듣는 사람들에게 큰 영적인 유익을 주었고, 동시에 복음을 받아들이지 않는 완악한 유대인들에게는 하나님의 가혹한 심판의 표적으로 작용하였던 것이다.

"방언은 믿는 자들을 위하지 아니하고 믿지 아니하는 자들을 위하는 표적이니"고전 14:22.

여기의 '믿지 아니하는 자들'은 오늘 우리 주변의 불신자들이 아니고 그 당시 그리스도를 배척하는 완악한 유대인들이다. 이 말씀의 의미를 왜곡하여 현대 은사주의의 거짓 방언 은사를 받은 사람들이 주변의 불신자들 앞에서 과시하면서 부지런히 방언 기도를 해 보아도 아무런 효과가 없고 오히려 부끄러움만 당하는 이유는 그들의 행위가 말씀과 무관하기 때문이다. 성경의 방언이 그 목적을 다하고 사라졌다는 것은 너무나도 명백한 사실이다. 이후 역사 속에서 방언은 더 이상 나타나지 않았다. 방언을 말한다는 사람들이 종종 나타나기는 했으나 결국 모두 이단의 길을 가는 사람으로 판명되었다. 방언의 은사가 사라졌으므로 방언을 통역하는 방언 통변의 은사도 함께 사라진 것이다. 지금도 방언을 통역한다는 사람이 있기는 하지만, 동일한 방언 녹음 테입을 듣고 비슷하게 통역하는 두 사람을 지구상에서 찾을 수 없다는 것을 그 자신들도 알고 있다. 그들은 같은 방언의 내용이 성령에 의해 다양한 뜻으로 통역된다는 억지스러운 궤변을 주장하지만, 성경에는 그런 말씀이 전혀 없다.

은사주의자들은 사도행전과 달리 고린도전서는 방언기도의 은사를 가르치고 있다고 강력하게 주장하고 있다. 실제로 고린도전서에서 사도 바울이 방언 기도의 은사를 긍정하는 듯한 약간의 내용이 있는 것은 사실이다. 그러나 당시 고린도교회는 이미 거짓 사상들을 전파한 이단들로 인해 심각한 신앙의 손상을 입은 상태였음을 감안하여야 한다.

"만일 누가 가서 우리가 전파하지 아니한 '다른 예수'를 전파하거나 혹은 너희가 받지 아니한 '다른 영'을 받게 하거나 혹은 너희가 받지 아니한 '다른 복음'을 받게 할 때에는 너희가 잘 용납하는구나"고후 11:4.

"그런 사람들은 거짓 사도요 속이는 일꾼이니 자기를 그리스도의 사도로 가장하는 자들이니라"고후 11:13.

바울은 고린도교회가 분별하지 않고 이미 이단들이 전하는 마귀의 '다른 복음', '다른 영', '다른 예수'를 받아들여 심각한 영적인 상태에 처해있다고 우려하였다. 교묘한 거짓 선생들이 찾아와서 이단의 씨앗을 뿌리고 갔음을 짐작할 수 있는 내용이다.

> "누가 너희를 종으로 삼거나 잡아먹거나 빼앗거나 스스로 높이거나 뺨을 칠지라도 너희가 용납하는도다"고후 11:20.

사도 바울은 고린도의 교인들이 이단의 가르침을 분별하고 대적하기는커녕 오히려 깊이 따르고 환영하였으며, 심지어 뺨을 때릴지라도 화를 내지 않고 좋아하는 바보 같은 상태로 전락했다고 한탄했다. 그러므로 고린도전서의 다음과 같은 방언에 대한 알쏭달쏭한 내용은 바울의 신학이 담긴 말씀이라고 보다는 당시 이단이 고린도 교회에 심어 놓은 거짓 가르침의 흔적, 또는 어리석은 신자들에 대한 바울의 비아냥, 또는 진리를 변증하는 바울의 반어법 등으로 이해하여야지 실제로 바울이 방언기도를 지지했다고 할 수 없다.

> "방언을 말하는 자는 사람에게 하지 아니하고 하나님께 하나니 이는 알아 듣는 자가 없고 영으로 비밀을 말함이라"고전 14:2.

이 말씀을 근거로 주장하면서 방언기도가 영으로 하나님께 기도하는 은사라고 주장하는 사람들이 많지만, 하나님께 비밀을 방언으로 말한다는 것은 궤변이다. 왜냐하면 하나님이 모르는 우리 자신에 대한 비밀이란 존재하지 않기 때문이다. 그리고 하나님이 아브라함, 모세 등 모든 성경의 사람들과 대화하실 때 항상 모세와 아브라함의 일상의 언어로 대화하셨기 때문이다. 하나님과 하나님의 자녀들 사이에 존재하는 특별한 비밀의 언어라는 것은 있지 않다. 그러므로 이 내용은 바울의 사상이 아니고 당시 이단들이 주장하였던 내용이라고 보아야 한다.

> "방언을 말하는 자는 자기의 덕을 세우고 예언하는 자는 교회의 덕을
> 세우나니"고전 14:4.

은사주의자들은 이 말씀을 근거로 방언 기도의 은사가 그 사람 개인에게 유익을 주는 은사라고 주장한다. 그러나 성령의 은사에 대한 바울의 원래의 가르침은 모든 성령의 은사들은 언제나 교회의 유익을 위해 주어진다는 것이다. 개인의 유익을 위해 주어지는 은사에 대해 바울은 가르친 적이 없다.

> "각 사람에게 성령을 나타내심은 교회를 유익하게given for the common
> good, NIV 하려 하심이라"고전 12:7.

아무도 알아듣지 못하는 방언기도의 은사로 자기 개인의 신비한 영성을 연마한다는 은사주의자들의 주장은 성령의 은사에 대한 바울의 이와 같은 가르침과 전혀 맞지 않는다.

> "내가 만일 방언으로 기도하면 나의 영이 기도하거니와 나의 마음은

열매를 맺지 못하리라"고전 14:14.

은사주의자들은 이 구절을 근거로 바울도 방언 기도의 은사를 적극적으로 활용했다고 강조한다. 그러나 실제로 바울은 이 구절에서 자신과 방언 기도의 은사가 무관하다고 주장하고 있다. 자신이 방언 기도의 은사를 인정하지도, 사용하지도 않으므로 '내가 만일 방언으로 기도하면'이라고 가정법을 사용하고 있는 것이다. 그리고 방언 기도가 마음은 알지 못하고 영으로만 하는 기도라는 이야기도 바울의 사상으로 볼 수가 없다. 인간의 마음과 인간의 영이 하나로 연합되지 않고 각각 따로 떨어져서 일한다는 사상은 유체이탈 등의 이방 종교인들의 신비체험과 관련된 사상이지, 사도 바울의 사상이 아니기 때문이다. 이 내용도 바울이 이단이 고린도 교인들에게 뿌린 가르침을 다루는 과정에서 나온 말로 보아야 옳다.

은사주의 교회들이 전파한 방언기도 은사에 매료되어 있는 사람들은 방언으로 기도하게 하는 성령의 은사라는 것이 2,000년 교회사에서 한 번도 인정받지 못했다는 사실을 인정하고 겸손하게 자신을 돌아보아야 한다. 간간히 방언으로 기도하는 사람들이 있었던 것은 사실이지만, 성경의 가르침을 따르는 교회들과 지도자들은 방언으로 기도한다는 현상에 의미를 부여하지 않았고, 오히려 꾸짖었다. 현대의 방언기도의 은사를 본격적으로 도입한 사람들은 미국의 이단 찰스 펄햄Charles Parham, 1873~1929과 그의 제자 윌리엄 세이모어William Joseph Seymour, 1870-1922였다.

1901년, 자신이 가르쳤던 여학생에게 안수기도하여 방언이 나오게 하며 사도행전 2장의 오순절 성령세례가 교회에 다시 회복되었다고 선언한 찰스 펄햄은 자신에게 나타난 방언에 대해 다음과 같이 기록하였다.

"곧 이어 내 목이 살짝 돌아가더니 나에게 성령의 영광이 임했고, 나는 스웨덴 말로 하나님을 찬양하기 시작했다. 그리고 방언은 계속 다른 나라의 말로 바뀌었다." Roberts Liardon, *The Azusa Street Revival* (Shippensburg, PA: Destiny Image Publishers, 2018), p. 75.

2,000년 동안 사라졌던 방언을 최초로 다시 나타나게 만든 오순절 운동의 아버지 펄햄은 자신에게 나타난 방언이 기도하는 방언이 아니라 성경의 방언처럼 외국어, 정확하게 스웨덴 언어였다고 말했다. 그는 당시 캔자스 시티 타임즈Kansas City Times의 기자에게 다음과 같이 말하였다.

"방언을 말하는 이 학생들은 그 언어들을 한 번도 공부한 적이 없습니다. 그 나라의 원주민들이 그들의 방언의 진실성을 증명해 주었습니다. 이 학생들처럼 성령세례를 받기만 하면 됩니다. 그러면 이 세상의 어디든지 가서 배우지 않은 언어를 구사하면서 원주민들에게 복음을 전할 수 있습니다." Synan, Holiness-Pentecostal Movement, 102. Hank Hanegraaff, Counterfeit Revival (Orange, CA: New Century Schoolbook, 1997), pp. 141-42.

현대의 방언기도 은사를 도입한 오순절 운동의 아버지라 불리우는 사람은 분명히 자신에게서 배운적 없는 외국어 은사가 나타났고, 자신의 제자들에게도 실제 외국어 은사가 나타났다고 했다. 그러면 펄햄에게서 배운 후 현대의 방언기도를 본격적으로 일으킨 아주사 거짓 부흥1906년 의 주도자 세이모어를 통해서 나타난 방언은 어떤 방언이었을까? 당시 세이모어가 남긴 기록을 통해 정확하게 알 수 있다.

> "죄에서 구원해주시고 질병을 치료해 주시며 세상의 모든 언어들을 말하게 하신 하나님을 우리 모두 높이고 경배합시다. 이 일을 할 수 있도록 우리에게는 삼위일체 하나님의 도우심이 필요합니다." Roberts Liardon, p. 113.

이 내용은 아주사 부흥 당시 세이모어가 '고귀한 고난'The Precious Atonement라는 제목으로 했던 설교의 일부이며, 그가 출판했던 「사도적 믿음」 1권 1호에 수록되어 있는 내용이다. 아주사 부흥 당시 세이모어는 자신이 일으킨 방언은 기도하는 신비의 언어가 아니고 각종의 실제 외국어들을 주셨다고 믿고 있었다.

> "만일 형제 자매들이 영어로 말하지는 않고 하나님이 주신 방언으로만 사람들에게 말하고, 그리고 모든 설교자들이 방언으로만 설교하고 통역을 하지 않는다면, 그것은영어로 말하는 예언의 은사보다 못합니다. 그러나 통역한다면, 그것들은 예언의 은사와 같습니다." 앞의 글, p. 118.

위 내용은 세이모어가 '성령의 은사'Gift of The Spirit라는 제목으로 했던 설교의 일부이고, 자신이 발행했던 「사도적 믿음」 1권 5호에 기록되어 있는 내용이다. 자신이 일으킨 방언이 사도행전의 방언처럼 실제 외국말 방언이고, 그것을 통역하는 순간 자국어로 주어진 예언과 같다고 주장하였다.

> "한 청년이 회심했고, 방언들을 받았고, 성령세례를 받았다. 그는 결핵을 앓았으나 의사로부터 다 낳았다는 말을 들었다. 그는 예언의 은사와 함께 많은 외국어 방언의 은사를 받았고, 여러 나라의 외국 말'영서'라는 거짓 은사를 의미을 쓰는 은사도 받았고, 외국 선교지를 향한 소명을 받았다." 앞의 글, p.133.

이 내용은 「사도적 믿음」 1권 1호에 실린 세이모어의 글 속에 있는 내용이다. 배우지 않은 외국어뿐 아니라, 외국어들을 손으로 쓰는 은사, 즉 거짓된 영서 현상을 주장하는 내용이다. 펄햄과 세이모어는 현대의 방언기도 은사를 발휘하는 모든 은사주의자들이 인정하는 방언의 조상이고 선구자이다. 그런데 그들이 추구했던 것은 사도행전에 나오는 외국어 방언이었고, 마침내 고대했던 외국어 방언이 나왔으므로 그들은 기뻐하였다. 왜 그들은 실제 외국어 방언을 추구했을까? 사도행전 2장의 오순절 날의 성령강림과 그날 그 자리에 있던 그리스도인들에 대한 성령의 세례가 일어나던 날, 외국에서 온 여러 유대인들이 뜻을 알아듣는 실제 이방인들의 언어들의 방언이 나타났기 때문이다. 펄햄과 세이모어는 외국어 방언을 사도행전 2장의 오순절 성령의 역사가 다시 교회에 회복되는 징조로 보았다.

그러면 당시 그 방언을 받은 사람들이 외국에 가서 실험해 보려는 시도는 하지 않았을까? 아주사 거짓 부흥이 일어난 해는 1906년이고, 그 당시에는 미국 사람들도 외국에 가는 일이 흔치 않았다. 오순절 운동 역사신학자 빈슨 사이넌Vinson Synan의 연구에 의하면 정확하게 언제인지는 알 수 없으나, Los Angeles의 '불타는 떨기나무 선교회'Burning Bush Miassion의 선교사 알프레드 가르Alfred Garr 목사가 성령세례와 방언을 받은 후 인도에 가서 자신의 방언을 실험하면서 사도행전의 사도들처럼 복음을 전하려고 시도해 보았다고 한다. 그러나 결과는 완전한 실패였다. Synan, Holiness-Pentecostal Movement, 102. Hank Hanegraaff, pp. 141-42.

현대의 방언기도 은사를 전파한 오순절 교회들은 자신들의 방언의 조상으로 펄햄과 세이모어로 여기고 있으나, 그러나 그들이 추구하였고 기뻐하였던 것은 방언기도 은사가 아니고 배우지 않은 외국어를 말하게 하는 은사였다. 그런데 왜 지금 이상한 방언으로 기도하는 사람들만 온 땅에 가득하고 점점 더 늘어나고, 펄햄과 세이모어가 그토록 소망하고 기뻐하셨던 배운적 없는 외국말 방언을 하는 사람은 없는 것인가? 펄햄과 세이모어를 통해 나타난 방언은 외국말과 비슷한 소리였지 실제 외국어는 아니었다. 처음부터 사탄의 속임수였던 것이다.


4) 정통 신학의 예언

성경의 예언은 크게 두 차원에서 설명되어져야 한다. 코르넬리스 프롱크, 「예수 그리스도 외에 다른 터는 없네」 (임정민 역) (그 책의 사람들, 2015), 103쪽. 먼저 예언은 하나님이 구약의 선지자들과 신약의 사도들 또는 마가 누가 등의 특별한 사도적인 사람들을 통해 교회에 주신 특별계시 그 자체이다. 하나님께서 자기 백성들을 찾아서 구원하시기 위해 특별한 사람들에게 성령의 감동영감을 주시어 하나님의 마음에서 나오는 말씀을 기록하게 하셨다. 성령의 영감을 받은 특별한 사람들이 하나님께서 주신 말씀을 받아서 전하고 성경 66권으로 기록한 내용이 예언이다. 하나님이 구약의 선지자들과 신약의 사도들을 통해 교회에 주신 특별계시는 성경 66권으로 완성되었고, 더 이상의 새로운 예언을 주시지 않는다. 예언을 구약의 선지자들과 신약의 사도들을 통해 주신 말씀으로 완성되었다. 하나님으로부터 직통으로 말씀을 듣거나 음성을 듣게 해 주는 예언의 은사는 이미 그 역할을 다하고 사라졌다는 것이 정통 교회의 신학이다. 그리고 이것이 다시 살아났다는 것이 이단 신사도운동의 핵심이다. 지금 누가 하나님이 직접 주시는 말씀을 받아서 전한다고 한다면, 그는 정통 교회의 신앙을 훼손하는 이단으로 규정되어진다. 하나님이 직접 주시는 새로운 예언은 이제 더 이상 없음을 성경은 다음과 같이 명백하게 말씀한다.

"옛적에 선지자들을 통하여 여러 부분과 여러 모양으로 우리 조상들에게 말씀하신 하나님이 이 모든 날 마지막에는 아들을 통하여 우리에게 말씀하셨으니"히 1:1,2.

"곧 거룩한 선지자들이 예언한 말씀과 주 되신 구주께서 너희의 사도들로 말미암아 명하신 것을 기억하게 하려 하노라"벧후 3:2.

"내가 이 두루마리의 예언의 말씀을 듣는 모든 사람에게 증언하노니 만일 누구든지 이것들 외에 더하면 하나님이 이 두루마리에 기록된 재앙들을 그에게 더하실 것이요 만일 누구든지 이 두루마리의 예언의 말씀에서 제하여 버리면 하나님이 이 두루마리에 기록된 생명나무와 및 거룩한 성에 참여함을 제하여 버리시리라"계 22:18,19.

또 다른 차원의 예언은 지금도 있다. 성경은 하나님이 직접 주시어 성경에 기록된 예언을 교회에 하나님의 말씀으로 선포하고 가르치고 설명하는 말씀 사역도 예언이라고 한다. 하나님으로부터 직접 말씀을 받았던 구약의 선지자들과 신약의 사도들과 같은 예언자들은 '성령의 감동하심'을 받아 하나님이 주시는 말씀을 기록하였다. 그러나 그들에 의해 기록되어진 하나님의 말씀을 교회에서 선포하고 가르치는 말씀의 사역을 '성령의 조명'을 따라 이루어진다. 성령의 조명은 기록된 말씀의 뜻을 바르게 이해하여 교회에 바르게 적용하도록 성령이 도우시는 일이다. 성령의 조명은 어떠한 경우에도 성경에 없는 새로운 것을 만들어 내지 않는다. 만일 누가 기도하다가 방언이나 환상이나 음성을 통해 성경에 없는 무엇을 얻게 된다면, 그것은 성령의 조명으로 말미암은 것이 결코 아니다. 귀신의 거짓 영감이거나, 자신의 내면의 상상이거나, 주관적인 자기 스스로의 계시이다.

구약의 선지자들과 신약의 사도들을 통해 주신 예언을 교회에 선포하고 가르치고 설명하는 예언을 했던 예언자들을 사도행전 15장에서 볼 수 있다. 이방인 안디옥 교회가 예루살렘의 사도들에게 바울에 의해 이방인들에게 전파된 예수 그리스도를 믿는 신앙과 유대인들이 중시했던 구약의 율법의 관계에 설명해 달라고 요구하였다. 사도들은 이방인들이 예수 믿고 구원 얻는 것과 유대인들이 중시했던 율법은 직접 상관이 없다고 결론 내렸다. 사도들은 이방인들에게 이러한 복음의 원리를 설명해 주어야 할 사람을 안디옥으로 보내야만 했다. 사도들은 유다와 실라를 안디옥으로 보내기로 결정했다. 그런데 성경에는 유다와 실라가 예언하는 선지자였다고 나온다.

> "그리하여 유다와 실라를 보내니 그들도 이 일을 말로 전하리라"행 15:27.

> "유다와 실라도 선지자라 여러 말로 형제를 권면하여 굳게 하고"행 15:32.

성경은 분명하게 하나님이 구약의 선지자들과 신약의 사도들을 통해 주신 절대적 권위를 가진 하나님의 말씀을 교회에 적용하고, 가르치고, 신자들에게 이해시키는 말씀 사역도 예언이라고 한다. 초대교회는 그와 같은 말씀을 가르치고 전하는 자들을 주로 선지자라고 불렀다. 바울은 예언하는 선지자들에게 다음과 같이 권면했다.

"우리에게 주신 은혜대로 받은 은사가 각각 다르니 혹 예언이면 믿음의 분수대로"롬 12:6.

믿음의 분수대로 예언하라는 말이 무슨 뜻인지 정확하게 이해하기는 어려우나, 말씀을 가르치는 자가 조심히 자신이 이해하고 아는 범위 안에서 설명하고 가르쳐야 한다는 것으로 여겨진다. 기록된 말씀을 가르치고 설명하는 예언을 감당했던 초대교회의 선지자는 정확하게 언제인지 알 수 없으나 사라졌고, 대신 성경을 중심으로 가르치고 목양하는 장로가 세워지기 시작했고, 이후 현재의 교회 직분 체계로 발전해 왔다.

## 2. 제 3의 물결의 지식의 말씀

요즘 '지식의 말씀'을 받는다는 사람들이 급속하게 늘고 있다. 상당한 지적 엘리트 계층에 속하는 사람들 중에 마치 무당 집에서 받은 점치기 예언과 거의 비슷한 소리를 하면서 자신이 성령으로부터 지식의 말씀의 은사를 받았다고 주장하는 사람들이 많이 나타나고 있다. 총신대학 신학과와 신학대학원을 졸업했고, 상당히 영향력 있는 기독교 출판사 새물결 플러스와 '새물결 아카데미'라는 신앙세미나 프로그램의 대표인 김요한은 그 계통의 대표적인 사람이다. 김요한은 예장 합동에서 목사 안수를 받고 목회활동을 하였으나, 소속 노회로부터 이미 면직 처분을 받은 상태라고 한다.

최근 김요한은 자신이 출판한 책 「지렁이의 기도」 때문에 예장 합동, 고신, 백석 등의 교단들로부터 공식적인 이단성 조사 대상으로 선정되었다. 그 이유는 김요한이 만나는 사람들에게 즉석에서 하나님이 주시는 가볍고 짧은 지식의 말씀을 전하고 있기 때문이다. 김요한의 책 「지렁이의 기도」에는 불신자들이 무당집에 찾아가서 듣는 예언과 매우 유사한 내용들, 즉 이사하려는 사람에게 주시는 이사 가야 좋을 곳에 대하여 하나님?이 주신 말씀, 태중의 아기의 성별에 대하여 주신 하나님?의 말씀, 장래에 생겨날 질병에 대한 하나님의 말씀 등의 사례들이 기술되어 있었다. 김요한은 이사 문제로 고민하고 있는 사람과 대화할 때 하나님이 즉석에서 다음과 같이 이사 가야 좋을 곳을 말씀해 주셨다고 한다.

> "그 순간 성령께서 내게 이런 말씀을 주셨다. '너희 가정은 서울로 들어와야 길이 열리지 서울에서 멀리 떨어질수록 활동의 폭이나 길이 막힐 수밖에 없으므로 성남을 떠나 봉담으로 이사 갈 생각은 꿈도 꾸지 말아라.' 그리고 나는 성령께서 주신 말씀을 토씨하나도 틀리지 않고 그대로 전했다." 김요한, 「지렁이의 기도」 (새물결 플러스, 2017), 117쪽.

김요한으로부터 이사 가야 할 곳에 대해 하나님이 봉담으로 가지 말고 서울로 이사해야 좋다는 말을 받은 예언과 가까이 교제하는 어떤 사람은 자신도 김요한에게 그와 유사한 내용의 짤막한 예언을 받았다고 자신의 페이스 북에 다음과 같이 기술하였다.

"그러다 일터신학을 강의하던 새물결 아카데미에서 김요한 목사님을 만나게 되었고, 이런 저런 이야기를 나누다 이사 문제를 꺼내게 되었다. 김 목사님은 나와 눈을 마주치면서 대화하면서 '하나님께서 봉담은 아니라고 말씀하십니다'고 말했다. 난 깜짝 놀랐다. 옆에 앉아있던 이철규 원장님이 성령의 은사가 많은 김 목사님의 이야기를 잘 들어봐야 한다고 조언했다. 김 목사님은 계속 눈을 뜨고 기도하면서 수원, 안양, 과천은 어떤지 하나님께 물었고, 하나님은 아니라고 하면서 서울로 들어와야 한다고 말씀하신다고 전해주었다."이효재 씨의 페이스 북, 2017.12.5

어떤 분이 이와 비슷한 짧막한 예언 사례들을 김요한의 페이스 북에서 보았다고 누군가 나에게 보내주었다.

"이 교수님이 하나님이 정말 좋은 개척 멤버들을 보내주셨다고, 교인들을 한 분 한 분 인사시켜주셨다. 그리고 자리에 앉아 예배를 드리는데, 갑자기 성령께서 내게 '이 교회가 얼마 못가 문을 닫을 것이라'고 말씀하셨다. 나도 정말 충격을 많이 받았다…… 중략 이 교수님은 항암치료를 받다가 비참하게 죽느니, 마지막까지 목사로서, 또 신학자로서 강단에서 말씀을 전하다 죽겠다고 하셨다. 그래서 병원치료를 거부하셨다. 그리고 실제로 그 이후 단 한 번도 병원에 가지 않으셨다. 그날따라 사모님 얼굴이 참 슬프게 보였다. 그런데 그때 성령께서 내게 '빨리 안 죽을 거다'라는 말씀을 주셨다."김요한의 페이스 북, 2017.11.30.

"평소 신장에 문제가 많았던 김현회 목사님이 코마가 와서 병원에 입원했는데 의사 말이 힘들다고 했다는 것이다. 그 통화를 옆에서 듣고 있던 내가, 김재영 목사님께 이렇게 말했다. '형, 하나님이 김현회 목사님 안 죽는다고 해요, 우리가 같이 가서 기도해줘요.' 그렇게 해서 김현회 목사님이 계신 병원을 찾아가 기도를 함께 한 일이 있다. 물론 김현회 목사님은 기적같이 건강을 되찾았다."김요한 씨의 페이스 북, 2017.11.30.

김요한이 하나님으로부터 받아서 주변 사람들에게 말해주는 이런 예언은 성경적인 근거가 전혀 없다. 이런 현상은 무속인들에게서 흔하게 볼 수 있는 점하는 것과 같고 신사도운동 성향의 사람들에게서도 많이 나타나고 있다. 신사도운동가들이 이와 같이 하나님으로부터 직통으로 임하는 예언을 '지식의 말씀'이라고 한다. 김요한도 자신의 페이스 북에서 자신의 예언 현상을 '지식의 말씀'이라고 다음과 같이 말했다.

"나는 직통계시자가 아니다. 나는 하나님이 기도 중에 주시는 말씀을 일종의 '지식'으로 받아들이지, 계시라고 믿지도 그렇게 표현하지도 않는다. 유일한 특별 계시는 오직 성경뿐이다. 인간의 어떤 종교체험도 성경의 권위와 기능을 넘어서가나 범접할 수 없다. 기독교인의 모든 신앙 체험은 오직 성경에 의해 제한되고, 판단받고, 분별되어야 함은 당연하다."김요한의 페이스 북, 2017.11.30.

하나님으로부터 직통으로 온 말씀이라고 주장하며 그 내용은 계시가 아니라는 주장은 모순이다. 하나님으로부터 직통으로 임한 말씀이면 그것은 당연히 직통계시이고, 직통계시는 정통 교회가 인정하지 않는 사이비 이단 현상이다. 왜냐하면 성경 66권 이외에 더 이상 하나님으로부터 오는 계시는 없기 때문이다. 김요한이 자신이 하나님으로부터 받아서 전하는 말이 이단들의 직통계시가 아니라고 주장하려면, 자신에게 하나님으로부터 직통으로 임하는 예언 자체가 없어야 하고, 혹 있더라도 아무 뜻이 없는 헛소리이어야 한다. 그러면 무의미한 현상이므로 이단시비에 걸리지 않을 것이다. 그러나 김요한이 하나님으로부터 받아 즉각적으로 전하는 예언 속에는 이사, 태중의 아기, 발생할 질병 등에 대한 구체적인 내용과 정보가 들어있다. 그러므로 거짓 하나님으로부터 직통계시를 받는 사이비 직통계시자라는 비판을 피할 수 없다. 그런데 이상하게도 직통계시를 받은 사람들은 김요한처럼 자신이 계시를 받는 사람이 아니라고 강력하게 주장한다. 대체 왜 그럴까? 성경 외의 다른 새로운 계시는 없고, 누구든지 성경의 말씀 이외의 다른 새로운 말씀을 하나님으로부터 받았다고 주장하면 이단 시비에 걸리게 될 것임을 자신들도 알기 때문이다. 그래서 예언하는 사람들은 자신이 예언의 은사를 받았다고 말하지 않고 '지식의 말씀'을 받았다고 한다. 김요한도 동일한 형태의 주장을 하고 있는 것이다.

즉석에서 점하는 무속인들의 말과 같은 예언의 현상이 이미 80년대 초반 피터 와그너 주변에서 일어나고 있었다. 피터 와그너는 1982년에 플러신학교에서 운영된 존 윔버의 강의에 참여하면서 '지식의 말씀'Words of Knowledge을 경험했다고 자신의 책에다 다음과 같이 기술하였다.

"수업이 열리는 밤마다당시 그 수업은 매주 월요일 밤에 있었음 그 자리에서 즉시 확인 가능한 지식의 말씀words of knowledge들, 그 자리에서 고침 받는 환자들, 귀신들의 쫓겨남, 그리고 그 외의 다양한 초자연적인 현상들이 나타나는 것을 보았다." C. Peter Wagner, *the Third Wave of Holy Spirit*, p.24.

"존 윔버는 성령의 인도하심에 자신을 완전하게 맡겼고, 수업의 흐름을 주관하는 성령의 인도하심을 받았다. 때로 수업은 존 윔버를 통하여 나타나는 지식의 말씀과 더불어서 시작되었다. 때로는 수업에 참여한 학생들 가운데서도 지식의 말씀이 나타났다." 앞의 글, p. 28.

피터 와그너는 수업을 진행하는 존 윔버가 학생들을 대상으로 하나님이 주시는 즉시 확인 가능한 지식의 말씀을 전했다고 했다. 대체 어떤 내용이었을까? 존 윔버가 수업에 참여하는 학생들의 과거사를 알아맞히는 용한 점쟁이의 알아맞히는 점괘 비슷한 말을 했던 것으로 보인다. 아마도 이런 형태였을 것 같다.

"당신은 어린 시절에 부모님의 이혼으로 인한 큰 상처가 있었습니다. 그렇지요? 하나님이 다 알고 계셨고 당신과 함께 하셨습니다!"

이미 거짓 영의 도구가 되어 빈야드운동을 앞장서 추진하고 있었던 존 윔버에게 신기가 임하여 이와 같이 누군가의 과거를 알아맞히니, 그가 다음과 같이 말했을 수도 있다.

"네, 맞습니다. 부모님의 이혼으로 인해 저는 매우 불행한 어린 시절을 보냈습니다!"

김요한, 존 윔버 등은 자신들에게 신기가 임하여 나타나는 이런 점괘를 하나님이 주시는 지식의 말씀이라고 한다. 특히 존 윔버는 이런 것이 제3의 물결 시대에 성령이 일으키시는 '능력전도'Power Evangelism의 방법이라고 주장했다. 존 윔버는 자신이 그 방법으로 복음을 전한 구체적인 사례를 소개하기도 했다. 자신이 비행기를 타고 하늘을 날고 있을 때 비행기 통로 맞은 편에 앉았던 남자에게 자신의 지식의 말씀의 은사를 통해 어떻게 전도하게 되었는지 다음과 같이 소개했다.

> "통로 건너편에 앉은 중년의 남자는 외모로 보건데 사업가 같았으나 나의 관심을 끄는 특이한 점은 없었다. 그런데 나는 잠시 반짝이는 순간 뭔가를 보고 깜짝 놀라게 되었다. 그의 얼굴의 대각선 방향으로 선명하게 쓰여진 '간음'이라는 글자를 보았다. 나의 육체의 눈으로 그것을 본 것이 아니고 마음의 눈으로 보았다. 그 비행기 안에서 그것을 본 사람은 나뿐이었다. 하나님께서 나에게 알려주신 것이다. 그것은 실제가 아닌 영적인 일이었다. 조금 후에 그 남자는 내가 자기를 응시하고 있다는 것을 알고 이렇게 물었다."

저에게 무슨 볼일이 있으십니까?'

그 남자가 나에게 그렇게 말하는 순간 그 남자와 간음하고 있는 여자의 이름이 선명하게 내 마음에 떠올랐다. 그 일은 나에게 더욱 더 친숙한 일이었다. 왜냐하면 성령님이 그렇게 순간적으로 내 마음에 뭔가를 넣어 주시는 것을 자주 체험했기 때문이다.

'Jane가명이라는 이름이 당신과 특별한 관련이 있지 않습니까?'

순간적으로 그 남자의 얼굴빛이 창백해지면서 나에게 이렇게 말했다.

'우리 이야기 좀 할까요?'

그 비행기에는 윗 층에 조그마한 칵테일 바가 있었다. 내가 그 남자를 따라 윗 층으로 올라갈 때, 성령님이 또 다시 나에게 다음과 같이 말씀하시는 것이 느껴졌다.

'이 남자가 간음죄를 회개하지 않으면 내가 그의 생명을 취할 것이라고 말하도록 해라!' John Wimber&Kevin Springer, *Power Evangelism* (Ventura, CA: Regal,2009), P. 74.

존 윔버를 그날 그 비행기 안에서 만난 그 남자는 자기와 동행하고 있는 아내에게 고백하고 용서를 구했고, 아내도 예수님을 믿게 되었다고 했다. 존 윔버는 그것이 제3의 물결 시대의 능력전도의 형태라고 했다. 치유 사역을 하는 온누리 교회의 손기철 장로는 존 윔버에게서 영향받은 사람이다. 손기철 장로의 책을 보니 그가 어떤 집회에 참석하였을 때, 예언 실습을 위해 같은 조에 편성된 한 여성의 이마에 '낙태'라고 쓰여진 글자가 갑자기 보였다고 했다. 손기철 장로는 그 여성이 이전에 낙태

한 적이 있고, 그 일로 인하여 괴로워하고 있으므로 하나님이 자신에게 알게 해 주신 것으로 해석했다. 그래서 그 여인에게 낙태로 인해 더 이상 죄책감을 갖지 말라고 위로하였더니, 그 여성이 눈물을 흘렸다고 했다. 손기철 장로도 그것을 지식의 말씀의 은사라고 주장하였다. 손기철, 「고맙습니다 성령님」 (서울: 규장, 2010), 155-157쪽.

건전한 이성과 정신을 가진 사람으로서는 알 수 없는 다른 사람들의 과거나 현재의 은밀한 정보를 알아내는 현상은 무당들에게서 흔히 나타나는 현상이다. "점을 본다", "점친다"라는 것이 바로 이런 것이다. 그런 일은 그 사람에게 점하는 귀신이 들리지 않고서는 나타날 수 없는 현상이다. 그런데 소위 유명한 신학자라고 세계적으로 명성이 자자했던 피터 와그너가 이런 것도 분별하지 못하고 오히려 제3의 물결 시대의 특별한 성령의 역사하심이라고 홍보했다는 것은 참으로 안타깝다.

바울 사도가 언급한 '지식의 말씀'고전 12:8이라는 성령의 은사를 이런 것으로 적용하는 것은 결코 옳지 못하다. 그렇다면 성령이 교회를 위해 주시는 은사 중의 하나인 지식의 말씀이란 과연 어떤 은사일까? 가장 올바른 이해는 성경에 기록되어 있는 하나님의 말씀을 더욱 더 바르고 정확하게 이해하도록 도우시는 성령의 은사라는 것이다. 성경이 말하지 않는 내용, 특히 인간의 보통의 상식과 능력으로는 알 수 없는 무엇을 무속인들이 점치듯이 알아내는 것을 지식의 은사라고 주장하는 것은 성경을 모욕하는 행동이다. 성령으로부터 지식의 은사를 받은 사람은 보통 사람들보다 더욱 탁월하게 성경의 내용을 이해하여 다른 사람들에게 더 정확하게 가르칠 수 있다. 그리고 지혜의 은사는 성경이 가르치는 진리를 우리 개인들의 삶과 교회의 실제 상황에 바르게 적용하도록 성령이 도우시는 은사라고 이해하여 한다. 코르넬리스 프롱크, 「예수 그리스도 외에 다른 터는 없네」 (임정민 역) (그 책의 사람들, 2015), 103쪽.

## 3. 제 3의 물결과 한국 교회

한국 교회에서 제 3의 물결의 성령의 사역을 전개하고 있는 가장 대표적인 사람 온누리 교회의 손기철 장로이다. 손기철 장로는 제 3의 물결의 성령의 기름부음으로 치유집회를 인도하고 있는 기름부음 치유 전도사이다. 신사도운동의 특징이 먼저 거짓 기름부음을 받은 사람이 이후 안수기도 등의 수단을 통하여 다른 사람들에게 그것을 전파한다는 것이다. 다시 말해 신사도운동가들은 다른 영의 부림을 받으면서 더 많은 사람들에게 다른 영의 역사를 확산시키는 사람들이다. 기름부음을 전파하는 행위를 그들은 임파테이션이라고 하는데, 손기철 장로의 사역에서도 그 일이 빈번하게 나타난다. 다음은 손기철 장로의 책에 나오는 내용이다.

"최근에 나는 100여 명이 참석한 대한항공신우회 수련회에서 1박 2일 동안 이 내용을 강의하고, 그 분들에게 기름부으심을 흘러보냈습니다. 2일째 실습시간에 놀랍게도 동일한 기름부으심이 그들 대부분에게 임했으며, 그들이 다른 분들을 위해 기도할 때 동일한 하나님의 역사가

일어나는 것을 목도하게 되었습니다." <sub>손기철, 「기름부으심」), 12쪽.</sub>

"안수기도를 하자 성령님께서 즉시 임재하셨고 그는 곧 성령세례와 방
언을 함께 받았습니다. 나는 내게서 기름부으심이 흘러가는 것을 느낄
수 있었습니다. 감격해하는 그에게 이 말 한마디를 덧붙였습니다. '기
름부으심을 꼭 흘려보내십시오.'" <sub>손기철, 「고맙습니다 성령님」, 71쪽.</sub>

제 3의 물결의 성령의 사역을 주도하는 신사도운동가들은 자신에게
있는 기름부음을 안수기도를 통하여 다른 사람들에게 전이시켜주는 괴
상한 현상들을 실제로 일으킨다. 손기철이 그 일을 행하고 있는 것이다.
그들은 안수하여 사람들이 쓰러지거나, 몸이 진동하거나, 정신이 몽롱해
지는 현상이 일어나는 것을 성령세례라고 하는데, 손기철도 동일한 일을
하고 있음을 알 수 있다. 먼저 기름부음을 받은 신사도운동가로부터 안
수기도를 받을 때 나타나는 비교적 흔한 현상은 거짓 방언인 경우가 많
다. 손기철을 통해 그런 일이 일어나고 있음을 알 수 있다.

"기름부으심은 다른 사람에게 '전이'impartation, 임파테이션되기까지
합니다. 내가 기름 부으심이 넘치는 목사님에게서 안수기도를 받을 때,
나에게 기름부으심이 흘러 들어왔습니다. 이와 동일하게, 내가 다른 사
람을 위해 기름 부으심을 흘려보내는 기도를 하면 성령님의 능력이 전
달되고, 그 기도를 받은 사람도 나와 같은 사역을 할 수 있게 됩니다.
단 기름 부으심이 무조건 전이되는 것은 아닙니다. 하나님의 계획하심
과 기름 부으심을 흘려보내는 사람과 받는 사람의 믿음과 마음의 상태

가 결정적인 역할을 한다고 생각합니다." 손기철, 「고맙습니다 성령님」, 186쪽.

손기철이 제 3의 물결의 성령의 역사를 일으키는 위험한 신사도운동 가라는 사실을 더욱 더 선명하게 보여주는 내용이다. 괴이한 성령의 기름부으심을 전파하는 임타테이션을 행하는 능력은 제 3의 물결의 거짓 성령의 역사를 일으키는 신사도운동가들의 가장 분명한 특징이다. 그러면 손기철의 성령세례와 방언에 대한 신학적인 입장은 무엇일까? 손기철이 정말 제 3의 물결의 불건전한 성령의 역사를 추종하는 사람이라면 피터 와그너의 사상과 유사성이 발견될 수밖에 없다. 손기철이 성령세례와 방언에 대하여 어떻게 주장하는지 보자.

"성령세례를 받으신 분들 가운데 방언에 대해 궁금해 하시는 분들이 많습니다. 방언은 모든 은사 가운데 가장 기본적인 은사라고 할 수 있습니다. 방언이 그 만큼 중요하기 때문에 일부 교회에서는 '방언을 받지 못하면 성령세례를 못 받은 것이다'라는 말까지 합니다. 방언이 중요한 것은 사실이지만, 방언 받지 못했다고 성령세례를 받지 못한 것은 아닙니다. 방언은 은사입니다. 하나님께서 주권적으로 주시는 선물이라는 뜻입니다. 모든 사람에게 모든 은사가 다 있어야 하는 것은 아니기 때문에 어떤 사람에게는 하나님께서 방언을 주시지 않을 수도 있습니다." 손기철, 「고맙습니다 성령님」 98쪽.

성령의 기름부음을 전파하면서 치유집회를 인도하는 제 3의 물결의 전도사 손기철 장로의 이와 같은 주장은 신사도운동의 대표 피터 와그너의 성령의 제3의 물결의 성령세례, 방언과 정확하게 같은 사상이다. 그런데 한국교회의 신학교 교수들이 손기철의 사상이 위험한 신사도운 동 신학이라는 것을 알아보지 못했다. 장신대 현요한 교수는 손기철이 사도적 권위를 주장하지 않으므로 큰 위험성이 없다며 다음과 같이 평가했다.

> "신사도운동은 성령의 충만한 임재를 강조하면서 그 임재를 체험한 사람은 사도적 권위를 가진다고 주장한다. 그래서 그가 하는 예언을 인정하고 따라야 한다는 것……, 그러나 손 장로는 자신이나 자신의 치유사역 스태프들의 사도적 권위를 주장하지도, 사도적 권위로 무슨 예언을 하지도 않는다. 그가 신사도운동 계열의 사람들로부터 어떤 영향을 받았는지는 모르지만, 그 자신이 그 운동을 추종하거나 전파하는 것 같지는 않다" 손기철 장로 위험성은 있지만 이단은 아니다" 크리스천투데이, 2012년 4월 7일

> "한국교회가 손 장로의 치유사역을 비판하려고만 할 것이 아니라 그를 격려하고 선의의 충고와 권면으로 교회의 테두리 안에서 그의 사역을 육성하는 것이 필요하다…… 더불어 손 장로도 항상 자신을 반성하며 사역이 커질수록 자신을 더욱 성찰해 겸손한 마음으로 공교회에 덕을 끼치는 사역자가 되길 바란다" 앞의 글.

숭실대 김영한 교수는 장신대 현요한 교수가 손기철의 사상을 균형있게 잘 평가하였고, 반대로 정이철은 성령의 은사를 모조리 훼방하고 있

으며 신학적인 균형을 잃었다면서 다음과 같이 평가하였다.

"'손기철 장로의 치유 사역과 신학에 관하여'를 발표한 장신대 교수 현요한의 연구는 균형 잡혔다고 할 수 있다. 이와는 대조적으로 미주 앤아버 반석교회 담임목사 정이철은 그의 저서 「신사도운동에 빠진 교회」에서 예수의 이름으로 일어나는 모든 은사운동을 모조리 정죄하였다. 이러한 태도는 은사자들을 선도善導하기보다는 더욱더 공교회에서 소격시켜 버릴 부작용이 있다."<sup>"손기철 치유사역에 대한 성찰(2)" (크리스천투데이, 2014년 7월 2일).</sup>

"손기철은 오순절 교파와는 달리, 방언이 성령세례의 표적으로서 반드시 나타나야 한다고 주장하지 않는다. 그러나 그는 방언을 매우 긍정적으로 받아들이고 방언의 유익을 강조한다. 그리고 거기서 더 나아가 방언이 성령세례의 판단 기준은 아니지만, 개인적으로는 성령세례를 체험한 사람은 누구나 다 잠재적으로 방언을 할 수 있다고 생각한다 …… 그의 이런 견해는 성령세례를 중생과 구분하며, 방언이 반드시 표적으로 따라온다고 보는 소위 고전적 오순절 교파의 견해와는 다르다. 1960년대 이후 오순절 운동이 기성 교회들 안으로 흘러들어간 소위 신오순절운동의 경향과도 좀 다르다. 또한 1980년대에 이르러 오순절운동에 비판적이던 일부 복음주의자들이 성령세례 교리에 집착하지 않고, 성령의 은사들을 적극적으로 수용하기 시작한 소위 '제3의 물결 운동'의 주장과도 동일하지는 않다. 그러므로 그의 성령론은 대체로 은사

에 대하여 열려 있는 개혁신앙의 신자들에게도 수용될 수 있다."<sup></sup>"손기
철 장로 치유사역에 대한 김영한 박사의 제언" (기독교포털, 2015년 6월 9일)

피터 와그너가 1980년대부터 시작되었다고 말한 제 3의 물결이 한국
에서는 더 일찍 일어났다고 볼 수 있다. 피터 와그너의 제 3의 물결 이론
을 적극 지지하는 한국 교회의 대표적인 오순절 신학자 박정렬 박사는
이렇게 말했다.

"이는 제 3의 물결 플러신학교의 교회성장학 교수인 피터 와그너 박사가
처음 사용한 말이다. 1980년대에 주로 복음주의 계통의 신자들이 성령
의 초자연적인 체험을 한 후 오순절 교파나 은사주의 파에 속하지 않은
채 기존교단에서 은사를 행하는 현상이 나타났다. 그 대표적인 사람으
로는 미국 LA에서 사역하는 「능력치유」의 저자 존 윔버John Wimber
와 지금 캐나다 토론토 근교에 있는 빈야드Vineyard 운동을 들 수 있다.
이들은 찬양사역과 말씀 그리고 신유, 방언, 방언통역, 예언, 입신 등
의 은사를 강조하고 있다. 이는 한국의 경우에 70년대에 일어난 현상
이었다. 장로교를 위시하여 성결교, 감리교, 침례교 중 각 교단에 속한
교인들이 성령세례를 체험했으나 그 교단을 떠나지 않고 그들이 소속
한 교회에서 활력있는 신앙생활을 하고 열심히 전도하므로 큰 도전과
자극을 목사와 성도들에게 주고 있다. 뿐만 아니라 많은 교단 부흥사들
은 성령세례를 체험한 사람들로서 그 교단을 떠나지 아니하고 초 교파
적으로 부흥회를 인도하고 있다."박정렬, 「오순절신학」(서울: 순신대학교,

1996), 25-26쪽.

오순절 신학자 박정렬 박사의 말처럼, 한국에서는 70년대부터 신유, 방언, 방언통역, 예언, 입신 등의 현상들이 많이 나타났다. 도시 근교의 기도원에서 개최되는 특별집회와 일반교회에서 연례적으로 시행하는 부흥성회에서 이미 이러한 현상들이 풍부하게 나타나고 있었다. 오순절 교단의 교회들에서만 그런 현상들이 나타났던 것이 아니고, 다양한 교파의 교회들에게서 이와 같은 은사주의 현상들이 풍부하게 나타났다. 부흥회를 열면 의례히 마지막 날에는 '성령의 불', '성령의 불세례'를 받기 위해 애썼고, 실제로 그것을 받고 예배당 바닥을 떼굴떼굴 구르는 사람들도 나타났다. 그 시절에는 그래야만 은혜스러운 부흥집회였다고 평가되는 분위기가 한국 교회를 지배하였다.

필자의 교회에 연세가 96세이신 연로하신 한 권사님이 있다. 이 권사님은 그 연세에도 돋보기를 들고 성경을 부지런히 읽으시고, 특히 나의 책「신사도운동에 빠진 교회」를 한 페이지도 빠뜨리지 다 읽으셨다. 이 권사님은 나의 책을 통하여 자신이 오랜 동안 신앙생활하면서 경험했던 일들 가운데 매우 이상하게 여겼던 일들에 대해서 많은 해답을 얻었다고 했다. 자신이 경험한 이상한 일에 대해서도 말씀하셨다. 수 십 년 전에 조용기 목사의 장모 최자실 목사가 인도한 부흥회에 참석하여 이상한 일을 경험하셨다고 했다. 설교를 마친 최자실 목사의 인도를 따라 강대상 쪽으로 나아가 다른 사람들과 함께 손을 잡고 시키는 대로 기도를 하셨다고 했다. 갑자기 온 몸이 사시나무 떨리듯이 진동하였고, 도저히 몸을 가눌 수가 없었고 결국 바닥으로 쓰러졌다.

　권사님께서는 왜 그러한 현상이 일어났는지 이해할 수가 없다고 하셨다. 그리고 혀가 꼬이면서 이상한 소리가 나오는 방언 현상도 나타났다. 그러나 본인은 그것이 신앙에 어떤 유익이 되었는지 전혀 말 할 수 없었다. 그때부터 꿈자리가 사나워지고 이상한 헛것들이 자주 보이기 시작되었다. 그러나 이후 정신을 가다듬고 성경 공부에 힘썼고, 맑은 정신과 이해하는 바른 말로 기도하기를 힘쓰니 그 괴이한 현상들이 자연스럽게 사라졌고 이후로 다시 나타나지 않았다고 한다.

　피터 와그너의 제 3의 물결이 한국 교회에 전파될 때, 그것이 한국 교회에게는 이미 익숙한 것이었다. 그래서 피터 와그너의 제 3의 물결은 한국 교회에서 특별한 관심을 받지 못했다. 이미 흔하게 일어나고 있었으나 단지 신학적 주장으로 정립되지 못하고 있었을 뿐이었는데, 세계적인 명성을 가진 신학자 피터 와그너로부터 해답이 주어진 격이었다. 피터 와그너의 제3의 물결 이론은 교회 속으로 침투하는 거짓 영들의 장난과 성령의 역사하심 사이의 차이를 무너뜨렸다. 사실상 교회가 거짓 영들의 놀이터로 전락하게 만들었다. 기독교 신앙을 변질시키는 많은 나쁜 것들이 피터 와그너가 주장한 제 3의 물결이라는 이론에 의해 정당성을 얻게 되었다.

제 3장
제 2의
# 사도시대

지금 우리는 제2의 사도시대를 살고 있다.
내가 판단하기에는 2001년부터
제2의 사도시대가 시작되었다.

chains off your wrists...
...ree. If you want to go to Babylon,
...you may do so and I...
...of you. But if you don't want to...
...don't have to. You have the whole...
...try to choose from," and you...
...wherever you wish...

...When I did not answer...
...and say, "Go...
...the Babylonia...
...the towns of...
...think you may go anywhere you...
...with him
...you should." Then he gave me a
...present and some food to take with me
...and let me go on my way. [6] I went to live
...with Gedaliah in Mizpah and lived
...among the people who were left in the
land.

**Gedaliah, Governor of Judah**
(2 Kings 25.22-24)

[7] Some of the Judean of...
...had not surrend...

제2의
# 사도시대




피터 와그너는 먼저 제3의 성령의 물결이 일어났다고 주장하더니, 이어서 지금 우리가 제2의 사도시대, 즉 다시 실제로 등장한 예수 그리스도의 사도들이 활동하는 시대를 살고 있다고 주장했다. 피터 와그너의 교회를 개혁하려는 신앙 운동의 정식 명칭이 '신사도개혁운동'이었는데, '신사도'라는 말이 가장 앞에 들어간 이유는 바로 그것이다. 이전의 오순절 운동과 여러 면에서 거의 유사하지만, 예수 그리스도가 사도를 다시 지상에 보내시어 교회를 개혁한다는 그의 주장은 너무도 파격적이었다. 피터 와그너는 2001년부터 제2의 사도시대가 시작되었다고 다음과 같이 주장했다.

"지금 우리는 제2의 사도시대를 살고 있다. 내가 판단하기에는 2001년부터 제2의 사도시대가 시작되었다…… 그리스도의 몸을 구성하는 중요한 많은 사람들이 현재 나타나고 있는 사도와 선지자의 은사gifts와 직분offices을 다시 인정하기 시작한다. 교회의 기초가 모퉁이 돌이신 예수 그리스도와 사도, 선지자라는 에베소서 2:20절의 말씀을 문자 그대로 받아들이는 사람들이 점점 더 많아지고 있다." C. Peter Wagner, *Dominion* (Grand Rapid, MI: Chosen, 2008), p. 22.

피터 와그너는 제 2의 사도시대가 별안간, 갑작스럽게 시작되지 않고 순차적인 준비 과정을 거치면서 도래했다고 했다. 제 2의 사도시대를 열시기 위해 하나님께서 가장 먼저 중보기도자들을 교회에 보내셨다고 주장했다.

"제 2의 사도시대를 출범시키는 역사적 과정의 중요한 촉진제 역할을 했던 일이 1970년대에 일어났다. 무렵에 거대한 기도운동이 시작되었다. 오늘 날 우리가 경험하고 있는 모든 유명한 기도운동들이 1970년대에 시작되었다. 그때부터 그리스도의 몸인 교회가 중보기도의 은사와 직분을 인정하기 시작했다. 오늘 날에는 어디에서나 '이 분은 우리 교회의 중보기도자들 중 한 사람입니다'라는 말들을 들을 수 있다. 그러나 1970년대, 또는 그 이전에는 '기도 용사'라는 말은 종종 사용되었을지라도 중보기도자라는 말은 거의 사용되지 않았다. 그러나 지금은 교회들과 여러 사역들 속에서 중보기도자들의 사역의 활성화와 그들의 사역을 인정하는 새로운 경향이 점점 증대되고 있다." 앞의 글, pp. 25-6.

피터 와그너는 제 2의 사도시대를 개막하기 위해 하나님께서 1970년 대에 먼저 중보기도자들을 교회 속으로 보내시고, 그리고 1980년대부터 는 선지자들을 세우시기 시작했다고 한다.

"그리스도의 몸인 교회는 1980년대부터 선지자의 은사와 직분을 인정 하기 시작했다. 이렇게 말한다고 해서, 내가 1980년 이전에는 선지자 가 없었다고 말하는 것은 아니다. 나는 교회에는 언제나 선지자들이 있 었다고 믿는다. 그러나 1980년대 이전에는 많은 신자들이 가지고 있는 관념, 즉 1세기 이후 혹은 그 무렵에 교회에서 선지자 직분이 사라졌다 는 널리 퍼져있는 이론 때문에 대부분의 하나님의 선지자들의 사역은 극히 제한되어 있었다. 그러나 이제는 교회의 많은 사람들이 선지자 직 분을 인식하며 확증하고 있다." 앞의 글, p. 26.

피터 와그너가 말하는 선지자는 구약의 선지자가 아니고 사도행전에 서 천하에 흉년이 들 것이라고 성령의 감동을 받아 예언한 아가보, 그리 고 이방인 안디옥 교회 신자들에게 복음과 율법의 관계를 가르치기 위 해 예루살렘의 사도들의 보냄을 받았던 유다와 실라 같은 초대교회의 선지자이다.

"그 중에 아가보라 하는 한 사람이 일어나 성령으로 말하되 천하에 큰 흉년이 들리라 하더니 글라우디오 때에 그렇게 되니라"행 11:28.

"유다와 실라도 선지자라 여러 말로 형제를 권면하여 굳게 하고"행

15:32.

제 2의 사도시대가 시작되기 위해 신약의 선지자가 등장해야 하는 이유는 피터 와그너의 신사도운동 신학에서 매우 중시하는 에베소서 4:11, 12절의 내용 때문이다.

"그가 어떤 사람은 사도로, 어떤 사람은 선지자로, 어떤 사람은 복음 전하는 자로, 어떤 사람은 목사와 교사로 삼으셨으니 이는 성도를 온전하게 하여 봉사의 일을 하게 하며 그리스도의 몸을 세우려 하심이라"엡 4:11,12.

피터 와그너는 바울의 이 말을 문자 그대로 해석하여 어느 시대에나 교회와 성도가 온전한 신앙을 가지려면 사도, 선지자, 복음전하는 자, 목사, 교사, 이 다섯 가지의 직분이 교회에 있어야 한다고 주장했다. 그러나 사실 복음 전하는 자와 목사와 교사가 하는 일의 차이가 무엇인지는 분명하지 않다. 그래서 더 많은 개혁신학자들은 목사가 곧 복음 전하는 자이고 동시에 가르치는 자인 것으로 생각한다. 중요한 사실은 바울의 이 말은 신약의 교회가 설립되어지는 과정의 상황을 말하는 것이지 언제나 교회에 사도와 선지자가 있어야 한다는 것을 의미하지 않는다는 것이다. 하나님께서 사도와 선지자들을 통하여 주신 말씀과 가르침 위에 교회가 세워져야 한다고 것이고, 바울이 이 말을 할 그 당시에는 실제로 사도들과 선지자들이 활동하고 있었다.

"너희는 사도들과 선지자들의 터 위에 세우심을 입은 자라 그리스도 예수께서 친히 모퉁잇돌이 되셨느니라"엡 2:20.

여기서도 바울이 강조한 것은 하나님의 교회에 사도들과 선지자들이 항상 있어야 한다는 것이 아니고 하나님이 교회를 세우기 위해 사용하신 사도와 선지자들의 가르침 위에 우리의 신앙이 건축되어야 한다는 것이다. 지금 교회에 에베소서 4장 11,12절의 다섯 가지 직분이 모두 있어야 한다는 피터 와그너의 주장 앞의 글, p. 28.은 여러 면에서 타당하지 못하다. 제 2의 사도시대를 열기 위해 하나님이 중보기도자, 선지자, 사도를 순차적으로 교회에 다시 세우셨다는 피터 와그너의 주장의 신학적인 근거가 무엇인지 살펴보도록 하자.


## 1. 중보기도자

제 2의 사도시대를 시작하시기 위해 하나님이 제일 먼저 중보기도자들을 교회에 세우신 이유는 영적인 전쟁을 진행하는데 가장 필요한 은사를 받은 사람들이 중보기도자이기 때문이라고 했다. 피터 와그너는 중보기도자들에게 하나님께서 사탄의 권세를 결박하고 무력화시키는 능력을 주셨다고 다음과 같이 주장했다.

"중보기도자들을 제일 먼저 보내신 이유는 그들의 우선적인 사명이 하늘과 땅 사이의 보이지 않는 길을 더욱 분명하게 만드는 것이기 때문이다. 중보기도자들은 혼란을 일으키는 마귀의 능력을 무력화시키고 결박하기 위해 하나님이 자신들에게 주신 영적인 권세를 어떻게 사용해야할지 아는 사람들이다. 중보기도자들이 자신들의 사명을 잘 감당하면 지상에 하나님의 음성이 더욱 선명하게 전달되어질 수 있다." 앞의 글, pp. 26-7.

피터 와그너가 이해하고 있는 중보기도자의 주된 은사와 사명은 사탄의 세력을 대적하여 그들의 권세와 힘을 파괴하는 것이다. 즉, 중보기도자들은 마귀와 싸우는 탁월한 영적인 전사들인 것이다. 중보기도자들이 영적인 전쟁을 잘 감당하면 어떤 결과가 발생할까? 피터 와그너는 하나님의 음성이 지상에 더욱 풍성하게 전달되어진다고 하였다. 성경 66권으로 하나님의 계시가 완성되었으므로 더 이상의 새로운 계시가 있을 수 없다는 정통 신학의 핵심을 부정하는 피터 와그너는 중보기도자들이 영적인 전쟁을 수행하여 마귀의 세력을 결박하므로 하나님의 계시가 지상에 더 분명하고 풍성하게 주어질 수 있다고 주장했다. 그래서 제 2의 사도시대를 개막하기 위해 하나님이 선지자, 사도보다 중보기도자를 더 먼저 교회에 세우셨다고 한다.

피터 와그너는 구약성경 다니엘서 9장에서 자신의 중보기도자에 대한 이론을 만들어 낸 것으로 보인다. 다니엘서 9, 10장의 내용은 다니엘이 자신의 민족의 회복을 위해 특별하게 중보기도를 시작하였고, 기도의 응답으로 가브리엘 천사가 나타나서 하나님이 다니엘에게 주신 장래 일에 대한 계시를 전달하였다. 하나님의 계시를 다니엘에게 전한 가브리엘 천사는 자신이 다니엘이 기도를 시작할 무렵에 하나님의 보내심을 받았으나 바사왕국의 군주가 이십일 동안 막아서 올 수 없었는데, 미가엘 천사가 자신을 도왔으므로 다니엘에게 올 수 있었다고 말했다.단 10:12,13 이 내용은 일반적으로 하나님이 장래의 일을 다니엘에게 계시하려고 가브리엘 천사를 보냈고, 사탄이 그 일을 방해했다는 것으로 해석된다. 피터 와그너는 다니엘의 중보기도가 가브리엘 천사를 가로 막는 바사국 군주, 즉 사탄의 세력을 물리치는 마가엘 천사를 일하게 만들었다는 것으로 이해하였던 것 같다. 그래서 하나님의 계시가 지금 지상의 교회에 더 선명해지고 풍성해지기 위해는 먼저 다니엘과 같이 중보기도를 통해 영적전쟁을 수행하는 중보기도자들이 있어야 한다고 주장했던 것이다.

중보기도를 현재의 하나님의 계시와 사탄을 대적하는 영적전쟁과 연관시키는 피터 와그너의 사상은 매우 비성경적이며 신앙의 건강한 구조를 파괴할 수 있는 매우 위험한 내용이다. 무엇보다 먼저 지적해야 할 것은 중보기도자들이 마귀를 결박하는 기도의 영적전쟁을 잘 수행하여 하나님의 계시가 지상 교회에 더 선명하게 들리게 한다는 그의 주장은 하나님이 자기 백성에게 주시는 말씀이 성경 66권으로 완성되었으므로 더 이상의 말씀 계시가 없다는 정통 교회의 신앙과 정면으로 배치된다.

## 1) 중보기도의 은사

피터 와그너는 사도가 되기 위해서는 사도의 은사를 먼저 받아야 하고, 선지자가 되기 위해서는 먼저 예언의 은사를 받아야 한다고 했다.

> "사도는 사도의 은사를, 선지자는 예언의 은사를, 복음전하는 자는 복음전하는 은사를 가져야 한다." C. Peter Wagner, *Your Spiritual Gift Can Help Your Church Growth*, p.55.

마찬가지로 아무나 중보기도자가 되는 것이 아니고 중보기도의 은사를 받은 사람이어야만 중보기도자가 되는 것이다. 하나님이 중보기도자들을 교회에 세우신다면 마땅히 신약 성경에 중보기도의 은사에 대한 말씀이 나올 것이다. 신약 성경에 중보기도의 은사라는 것이 있을까? 피터 와그너는 중보기도의 은사가 있다고 했는데, 그의 말이 너무도 놀랍고 황당하다.

> "그러나 나는 성경이 말하지 않는 세 가지 은사를 은사의 목록에 추가하기로 결정하였다. 그것은 은사들에 관하여 말씀하시는 성경의 어떤 구절에 근거한 것이 아니다. 교회생활과 사역을 통하여 얻은 경험적인 관찰에 근거하여 이러한 결론을 내렸다. 성경이 말하지 않는 은사는 다음과 같다. '중보기도의 은사', '귀신추방의 은사', '예배인도의 은사'" 앞의 글, p. 69.

"이미 언급한 것처럼, 나는 중보기도의 은사를 말씀하는 성경의 말씀을 발견하지는 못했으나 중보기도가 성경적인 사역이므로 중보기도의 은사가 존재한다고 가정postulate하였고, 그리고 중보기도의 은사가 실제로 나타난다고 확신한다. 내가 보기에는 분명히 어떤 그리스도인들에게는 중보기도의 은사가 있다. 중보기도의 은사는 예수 그리스도의 몸의 특별한 멤버들에게 꾸준히 더욱 오래 기도할 수 있도록, 그리고 보통의 일반 그리스도인들이 기대할 수 있는 정도를 훨씬 능가하는 특별한 방식으로 하나님이 응답해 주시는 것을 볼 수 있게 하시는 특별한 능력이다." 앞의 글, p.70.

중보기도의 은사가 성경에는 없지만, 피터 와그너 자신의 경험적인 관찰에 근거하여 중보기도의 은사가 교회에 존재하고 있다고 주장하였다. 사람의 경험과 느낌이 성경을 보충하거나, 성경에 없는 내용을 추가할 수 있는 근거가 될 수 있을까? 피터 와그너는 정말 심각한 사람이다. 그는 성경이 가라고 하는 곳 까지만 가야 하는 신학의 기본도 모르는 엉터리 신학자였던 것 같다.

"내가 보기에는 분명히 어떤 그리스도인들에게는 중보기도의 은사가 있다."

피터 와그너는 성경이 말하지 않는 중보기도의 은사를 이런 식으로 주장하면서 온 세상의 교회들이 중보기도자들을 세우고, 중보기도팀을 만들어 중보기도하도록 만든 사람이다. 이런 현상을 우리는 '사이비'라

고 하는데, 피터 와그너가 너무나도 유명한 사람이어서 그랬는지 모두가
의심하지 않고 따랐다. 그가 말하는 내용은 당연히 정설이라고 여겼고,
한국의 목회자들은 번역되는 그의 책들을 읽고 따르기에 바빴다. 그러
다가 오늘 날 이 지경이 되고 만 것이다. 피터 와그너가 자신의 중보기도
사상을 집중적으로 피력한 책「Prayer Shield」에서 중보기도에 할 말
을 보라.

> "어찌되었건 간에 성경의 은사들의 목록에 내가 추가하는 것 두 가지
> 는 귀신추방과 중보기도이다. 이 두 가지를 은사의 목록에 추가하는
> 주된 이유는성경에 근거하는 것이 아니고 내가 이 은사들이 실제 사역에서
> 나타나는 것을 보았기 때문이다." C. Peter Wagner, *Prayer Shield*(Ventura,
> California: Regal Book, 1992), p. 44.

성령의 은사의 목록을 만드는 피터 와그너의 모습을 꼭 엿장수 같다.
어떤 책에서는 중보기도의 은사, 귀신추방의 은사, 예배인도의 은사 세
가지를 더해야 한다고 하였고, 또 어떤 책에서는 축사의 은사와 중보기
도의 은사가 분명히 존재함에도 성경에서 누락되었다고 하였다. 또 다른
어떤 책에서는 자신에게 사도의 은사가 임한 것을 깨달았다면서 사도의
은사를 추가하였다고 이렇게 말했다.

> "정말 놀랍게도 2,000년 무렵에 하나님께서 나에게 사도의 은사를 주
> 셨다는 사실을 깨달았고, 그래서 다른 기독교신자들이 나를 사도 직분
> 자로 위임하였다. 이 책의 이전 판edition을 만들 때 나는 성령의 은사

의 목록에 사도의 은사를 추가해야 한다는 생각을 하고 있었으나 어떻게 해야 할지 확신이 서지 않았다. 이 책의 새로운 판을 출판하면서 나는 두 가지를 추가하였다. 하나는 사도의 정의를 수정하는 것이고, 또 하나는 은사의 목록표에 추가하는 것이다." C. Peter Wagner, *Your Spiritual Gifts Can Help Your Church Grow*, pp. 7-8.

어떻게 감히 어떤 신학자가 성경에 나오는 대로 하지 않고 자기 임의로 새로운 성령의 은사들의 목록표를 만들 수 있을까? 그 누구도 해서는 안 되는 그 일을 감히 저지른 사람이 신사도운동의 대표적인 신학자 피터 와그너이다. 이런 일에 대해 성경은 다음과 같이 말한다.

"내가 이 두루마리의 예언의 말씀을 듣는 모든 사람에게 증언하노니 만일 누구든지 이것들 외에 더하면 하나님이 이 두루마리에 기록된 재앙들을 그에게 더하실 것이요 만일 누구든지 이 두루마리의 예언의 말씀에서 제하여 버리면 하나님이 이 두루마리에 기록된 생명나무와 및 거룩한 성에 참여함을 제하여 버리시리라" 계 22:18,19.

예수 그리스도는 피터 와그너와 같이 말씀에서 무엇을 빼거나 더하는 변경을 가하는 자를 결코 용서하지 않으신다고 하셨다. 신사도운동 신학을 만든 피터 와그너는 이렇게 위험스러운 사람이었는데, 그가 전파한 중보기도 사상을 우리는 너무나 쉽게 믿고 따랐다. 그렇다면 피터 와그너는 무엇을 기준으로 중보기도의 은사를 받은 사람이라고 판단하였을까? 그는 중보기도의 은사를 가진 사람에서 다음과 같은 특징이 나타난다고 하였다. C. Peter Wagner, *Prayer Shield*, p. 49.

▷ 긴 시간 동안 기도 한다 : 하루 한 시간의 기도는 보통이고 중보기
   도의 은사를 가진 사람들 대부분이 하루에 두 시간에서 다섯 시간을
   기도한다.

▷ 더욱 강력하게 기도한다.

▷ 기도하기를 즐기면서 기도 시간을 통하여 개인적인 만족기쁨을 얻는
   다.

▷ 기도에 대한 드라마틱한 하나님의 응답을 자주 경험한다.

▷ 하나님으로부터 들려오는 음성을 선명하게 듣는다. 중보기도의 은사
   를 받은 대부분의 사람들은 예언의 은사를 함께 받는다.

중보기도의 은사를 받은 사람의 특징이라고 피터 와그너가 설명하는
내용은 좀 유치해 보인다. 그리고 중보기도의 은사를 받은 사람은 자주
하나님의 음성을 선명하게 듣는 특징을 보이고, 중보기도의 은사와 예언
의 은사를 함께 받는 경우가 많다는 설명은 왜 중보기도 운동하는 사람
들이 거의 대부분 신사도운동의 사도, 선지자인지 그 이유를 보여주는
내용이다. 비성경적인 사상에 사로잡힌 사람들이므로 미혹하는 사탄의
역사를 많이 체험하는 것이고, 그래서 신사도운동의 거장들로 성장하는
것이다.

## 2) 중보기도의 정의

피터 와그너는 중보기도를 뭐라고 정의했을까? 그는 다른 사람을 대신하는 기도라면서 다음과 같이 정의했다.

> "우리는 자주 '중보'라는 말을 '기도'라는 말의 동의어로 사용하고 있다. 일반적인 의미에서 두 단어를 교차적으로 사용하는 것은 가능한 일이나, 기술적인 용어technical terms의 차원에서는 가능하지 않다. 기도는 일반적인 차원에서 하나님께 말하는 것이다. 그러나 중보는 다른 사람을 대신하여on behalf of another 하나님 앞으로 나가는 것이다. 모든 중보가 기도이지만, 모든 기도가 중보인 것은 아니다." C. Peter Wagner, *Prayer Shield*, p.26.

다른 사람을 대신하여 하나님께로 나아가 기도하는 것이 중보기도라고 하였다. 다른 사람, 특히 중요한 위치에 있는 사람, 고통에 빠져있는 사람들을 대신하여 하나님께로 나아가 특별하게 기도하는 것이 중보기도인 것이다. 바로 여기 시작부터 큰 문제점이 나타난다. 다른 사람을 위하여 기도하는 것이 아니고, 다른 사람들을 '대신하여' 하나님 앞에 나아가서 기도하는 것이 중보기도라고 하니 큰 문제가 아닐 수 없다.

> "누가 그런 다른 사람을 대신하여 하나님 앞으로 나아갈 수 있는 자격을 가졌지?"

우리는 당연히 이 질문을 던져야 한다. 그리고 또 이 질문도 던져야 한다.

"성경 어디에 다른 사람을 대신하여 하나님 앞으로 나아가 기도하라고 하신 말씀이 있지? 성경 어디에 그것을 중보기도라고 하신 말씀이 있지?"

기도에 관한 신약 성경의 모든 말씀을 다 찾아보아도 다른 사람을 대신하여 하나님 앞에 나아가서 기도하라는 말씀은 보이지 않는다. 성경 어디에도 다른 사람을 대신하여 하나님 앞에 나아가서 기도하는 것이 중보기도라는 말씀이 없다. 누가 누구를 대신하여 하나님 앞으로 나아간다는 것일까? 우리는 다른 사람을 위하여서 하나님께 기도할 수가 있고, 남을 위하여 기도하도록 하나님의 명령도 받았다. 그러나 내가 다른 사람을 위하여 기도하는 것이 아니고, 다른 사람을 대신하여 하나님 앞에 나아가서 기도한다는 것은 전혀 다른 내용이다. 하나님께서 우리에게 다른 사람을 대신하는 사람이 되라고 하셨는가?

나를 대신하여 죽으신 분은 예수 그리스도이다. 나를 대신하여 십자가에서 피 흘리신 예수께서 지금 하나님 우편에서 나를 위해 중보기도하고 계신다. 나의 자식을 대신하여 내가 하나님 앞에 나아가서 중보기도하고, 또 예수님은 나를 대신하여 하나님께 중보기도하고 계시는 것인가? 대신한다 치고, 나 까짓것이 내 아들을 대신 한들 무슨 대수일까? 똑 같이 죄와 허물이 가득한 사람끼리 누가 누구를 대신하여 하나님 앞에서 무엇을 한다는 것일까? 예수 그리스도는 흠 없고 거룩하신 분으로서 우리를 대신하여 죄 값을 치르셨고, 우리를 대신하여 하나님께 중보기도하시고 계신다. 우리를 대신하는 분은 오직 한분 하나님과 사람 사이의 참 중보자 예수 그리스도뿐이다.

> "아버지 앞에서 우리에게 대언자가 있으니 곧 의로우신 예수 그리스도시라"요일 2:1.

우리 각 사람은 오직 예수 그리스도의 십자가의 은혜로 의롭다 하심을 얻어 하나님 앞에 나아가는 사람들이다. 예수 그리스도의 의를 덧입었으므로 예수를 믿고 의지하는 믿음 안에서 하나님 아버지 앞에 나아간다. 지상의 모든 성도들을 대신하시는 유일한 분은 오직 십자가에서 자기 백성의 죄 값을 배상하시고자 피 흘리신 예수 그리스도 뿐이시다. 피터 와그너의 중보기도 사상은 바로 이 사실을 교묘하게 변개하여 하나님 앞에서 다른 사람을 대신할 수 있는 더욱 영적으로 뛰어난 사람중보기도자이 있는 것처럼 만들었다. 피터 와그너의 중보기도의 이론과 정신이 이러하므로 신사도운동에 빠진 교회들과 선교단체들마다 중보기도학교를 운영하지 않는 곳이 없다는 사실을 우리는 이미 잘 알고 있다.

예수께서 우리 죄를 대신하여 죽으시고 다시 사신 후 하나님 보좌 우편에서 우리의 중보자가 되시어 우리의 기도에 힘을 더하여 주신다. 우리가 올바르게 기도하면 예수께서 하나님 우편에서 우리의 입장을 두둔하시니 하나님께서 더욱 공감하시고 응답하여 주신다. 만일 우리의 기도가 매우 부족하고 그릇되었으면, 우리를 변호하시는 예수께서 우리의 형편과 입장을 하나님 앞에서 변호하여 주신다. 우리가 다른 사람을 위하여 기도할 때에는 예수께서 더불어서 하나님께 우리의 기도의 내용을 설명하여 주시므로 하나님께서 다른 사람을 위한 우리의 기도에 응답하여 주시는 것이다. 로이드존스가 중보자이신 예수께서 성도들을 도우시는 이 원리에 대해 공감되게 다음과 같이 잘 설명하였다.

> "따라서 예수 그리스도가 지극히 높은 대제사장으로서 우리를 위해 자신의 몸을 제물로 드렸을 뿐 아니라, 우리의 기도를 접수하셔서 하나님의 보좌 앞에 넘겨 드리는 일까지도 하고 계시다는 엄청난 위로와 안위의 말씀을 받은 것으로 이해할 수 있다. 주님은 우리의 연약하고 무가치한 기도에도 주님의 축복되고 영광스럽고 온전한 향을 더해 하나님의 보좌에 전달해 드리는 방식으로 대언해 주는 대언자이다." 마틴 로이드존스, 「하나님의 자녀」 (임성철 역)(서울: 생명의말씀사, 2010), 279쪽.

이미 우리에게는 이와 같이 완전하고 영원하시고 은혜로우신 참 중보자가 계시는데, 피터 와그너는 쓸모없는 인간 중보기도자들을 만들어서 괴이한 일을 벌이면서 신앙과 교회들을 어지럽혔고, 헛되고 거짓된 말들로 거짓 중보기도자 자신들만 존경과 영광을 받게 만들었다.

피터 와그너의 절친한 친구이고 신사도운동의 사도이며 중보기도 운동을 확산시키는데 크게 공헌한 더치 쉬츠Dutch Sheets는 중보기도에 대해 다음과 같이 정의하였다.

"웹스터 사전에 의하면 '중보하다'intercede는 '사이로 들어가거나 통과하다', '서로 다르거나 다투는 사람들을 화해시킬 목적으로 당사자들 사이에서 활동하다', '조정하거나 중재하다', '조정'을 의미한다. 그 사전을 찾아보면 '조정하다'mediate는 '양극단 사이에서 양자 모두의 친구로서 당사자들을 중재 한다', '화해시킬 목적으로 적대적인 사람들 사이에서 협상하다', '화평을 조정하다', '중보'의 뜻으로 나타난다. 이 두 용어는 그것을 정의하기 위해 사용된 단어들과 전체적으로 의미가 비슷하다는 점을 주목하라. 또한 한 용어가 다른 용어를 정의하는데 사용되고 있는 것에도 주목하라. 즉, 조정mediate이 중보intercede를 정의하고, 중보가 조정을 정의하고 있다." 더치 쉬츠, 「하늘과 땅을 움직이는 중보기도」 (서울: 베다니출판사, 2011), 54쪽.

중보기도에 대한 쉬츠의 정의는 더욱 더 위험스러워 보인다. 왜냐하면 지금 하나님 보좌 우편에 계시는 우리의 참 중보자 예수 그리스도만이 하실 수 있는 일을 언급하면서 그 내용을 신사도운동의 중보기도자들에게 적용하기 때문이다. 쉬츠는 신사도운동의 중보기도자들이 두 당사자 사이에서 양측을 조정하고 화해시키는 일을 한다고 설명했다. 하나님과 다른 사람 사이에서 중보기도자가 그런 일을 한다는 것이다. 정말 무섭고 엄청난 말인데, 어찌 이런 말을 이리도 쉽게하는 것인지 알 수가 없다. 그 일은 오직 예수 그리스도만이 하시는 일이다. 완전한 사람이시고 완전한 하나님이신 예수께서 하나님의 원수된 사람을 대신하여 십자가에 달려 피를 흘리심으로 인간의 죄에 대하여 하나님께 완전하게 배상하셨다. 하나님께서는 예수의 피를 받으시어 죄에 대한 공의가 만족되시었으므로 인간을 위해 요구하시는 예수 그리스도의 중재와 조정에 응하시었다. 그리고 예수께서는 인간을 위해 필요한 하나님의 은혜를 이끌어 내셨다. 이것이 하나님과 사람 사이의 완전한 중보자이신 예수 그리스도의 중보자 사역이다.

신사도운동의 중보기도자들이 이러한 일을 한다는 것은 어불성설이고, 감히 그런 말을 입에 담는다는 것 그 자체가 참람하다고 할 수 있다. 모든 인간은 참 중보자 예수 그리스도의 도우심이 없이는 하나님을 뵐 수도 없으며, 만일 인간이 예수 그리스도의 중재없이 하나님 앞에서 나서면 즉사하게 될 것이다. 하나님이 우리를 용납하시고 받으시는 오직 한 가지 이유는 우리에게 거룩함이나 무슨 공로가 있어서가 아니고 중보자 예수 그리스도의 은혜를 통하여 하나님께로 나가기 때문이다. 그러므로 신약 성경 어디에도 피터 와그너 등의 신사도운동가들이 말하는 그런 중보자의 정신과 자세를 가지고 남을 위해 기도하라는 내용이 전혀 발견되지 않는다. 기도에 대해 가장 많이 가르친 사도 바울의 글 어디에서도 다른 사람과 하나님 사이에서 중재하고 조정하는 중보기도를 가르친 적이 없다. 바울 자신도 다른 사람들에게 자신을 위해 기도할 것은 수 없이 요청했지만, 자신을 대신하여 하나님 앞으로 나아가 자신과 하나님 사이에서 '중보'intercede하거나, 자신과 하나님 사이를 '조정'mediate하는 개념의 기도를 가르치지 않았다.

"또한 우리를 위하여 기도하되 하나님이 전도할 문을 우리에게 열어

주사 그리스도의 비밀을 말하게 하시기를 구하라"골 4:3.

"형제들아 우리를 위하여 기도하라"살전 5:25.

"이러므로 우리도 항상 너희를 위하여 기도함은"살후 1:11.

"종말로 형제들아 너희는 우리를 위하여 기도하기를"살후 3:1.

그러면 바울 자신은 다른 사람들을 위해 어떻게 기도했을까? 에베소서 1장 17절부터 19절의 바울이 에베소 교회의 성도들을 위해 기도의 내용을 살펴보자.

"우리 주 예수 그리스도의 하나님, 영광의 아버지께서 지혜와 계시의 영을 너희에게 주사 하나님을 알게 하시고, 너희 마음의 눈을 밝히사 그의 부르심의 소망이 무엇이며 성도 안에서 그 기업의 영광의 풍성함이 무엇이며, 그의 힘의 위력으로 역사하심을 따라 믿는 우리에게 베푸신 능력의 지극히 크심이 어떠한 것을 너희로 알게 하시기를 구하노라"엡 1:17-19, 개역개정

바울이 하나님 앞으로 나아가 에베소 교회 성도들을 대신하여 기도하며 하나님과 에베소 신자들 사이를 중재하는 내용은 조금도 나타나지 않는다. 사도 바울이 이처럼 에베소 신자들을 위해 기도한 내용에 대해 하나님 보좌 우편에서 자기 백성들을 위해 대변하시고 중재하시는 참 중보자 예수 그리스도께서 적극 공감하셨을 것이다. 그리고 바울의 기도

와 더불어 하나님께 요청하여 주심으로 하나님께서 바울의 기도에 응답하셨을 것이다. 우리도 다른 사람들을 위해 이처럼 기도해야 한다. 우리가 다른 사람을 위해 기도할 때, 우리의 중보자이신 예수께서 우리 기도에 동참하시고 옹호하여 주시면 우리의 기도는 더욱 더 응답받는 기도가 될 수 있다.

이것이 우리의 기도가 하나님께 드려지는 성경적인 원리이다. 참 중보자 예수 그리스도의 중보사역이 없다면 우리의 기도는 하나님 앞에서 온전할 수가 없다. 그러나 피터 와그너가 시작한 중보기도자들의 중보기도 사상은 이와 같은 성경적인 기도의 원리를 파괴한다. 감히 자신들이 하나님과 다른 사람들 사이로 들어가서 특별하게 기도한다고 한다. 성경은 다른 사람을 위해 기도하기를 명령하고 있고, 동시에 하나님의 은혜가 필요한 다른 사람의 사정과 형편을 하나님께 말하며 간구하라고 할 뿐이다. 다른 사람을 위해 기도하는 원리를 보여주는 다음의 성경 말씀을 보라.

"내가 기도할 때에 너희를 말하노라"엡 1:16.

"항상 하나님께 감사하고 기도할 때에 너희를 말함은"살전 1:2.

"내가 항상 내 하나님께 감사하고 기도할 때에 너를 말함은"몬 1:4.

## 3) 구약의 중보기도자

피터 와그너는 신사도운동의 중보기도자들의 특별한 기도의 능력과 그들의 사역에 대한 근거를 성경의 어느 부분에서 찾았을까? 피터 와그너는 신사도운동의 중보기도자들의 기도사역의 근거가 하나님께서 구약의 에스겔 선지자에게 하신 다음의 말씀으로 보고 있었다. C. Peter Wagner, *Prayer Shield*, p. 27.

> "이 땅을 위하여 성을 쌓으며 성 무너진 데를 막아 서서 나로 멸하지 못하게 할 사람을 내가 그 가운데서 찾다가 얻지 못한 고로 내가 내 분으로 그 위에 쏟으며 내 진노의 불로 멸하여 그 행위대로 그 머리에 보응하였으니라"겔 22:30-31.

이 말씀은 하나님께서 에스겔 선지자 그 당시 이스라엘 백성들을 위해 중보사역을 감당하도록 세우신 그 시대의 인간 중보자들이 타락하여 제 구실을 못하고 있음을 한탄하신 내용이다. 참 중보자 예수 그리스도가 오셔서 십자가로 하나님과 사람 사이의 중보를 완성하시기 전에 시대마다 장차 오실 예수 그리스도의 그림자와 같이 불완전하지만 예수의 중보사역을 미리 대신하는 인간 중보자들이 있었다. 하나님은 기름부음을 받은 제사장, 선지자, 왕이 자기 백성을 위해 중보기도하기를 원하셨다. 그러나 그들이 더 먼저 타락하여 하나님이 세우시고 맡기신 사명을 감당하지 못하고 있으므로 이스라엘 백성들이 하나님의 심판을 받을 수밖에 없었다는 내용이다.

"선지자들은 거짓을 예언하며 제사장들은 자기 권력으로 다스리며 내 백성은 그것을 좋게 여기니 마지막에는 너희가 어찌하려느냐"렘 5:31.

그 당시 이스라엘 백성들을 위해 하나님께 중보기도 사역을 감당해야 할 인간 중보자들이 전혀 제 구실을 감당하지 못하고 있었으므로 하나님께서는 이렇게 한탄하시었다. 구약의 이스라엘의 불완전한 인간 중보자들은 자기의 사명을 바르게 감당하지 못했으나, 하나님 나라의 완전한 제사장, 완전한 선지자, 완전한 왕으로 오신 예수 그리스도는 죄인들을 위해 친히 십자가에 달려 하나님과 사람 사이의 완전한 중보를 이루셨다. 구약의 인간 중보자들의 실패를 완성하신 분은 예수 그리스도이시다. 그러나 피터 와그너는 구약의 인간 중보자들의 실패가 참 중보자 예수 그리스도에 의해 완성되었음을 가르치지 않고, 그들의 불완전한 사역이 지금의 신사도운동의 중보기도자들에게로 이어지고 있다고 가르쳤다. 너무도 어이없고 기독교 신앙의 핵심적인 원리를 파괴하는 거짓된 가르침이다.

또한 피터 와그너는 신사도운동의 중보기도자들의 사역의 근거로써 구약의 중보기도자 모세와 사무엘의 사역을 다음과 같이 언급했다.

"내가 특별히 오판하는 것이 아니라면, 구약 시대의 가장 탁월한 중보기도자 두 사람은 모세와 사무엘이다. 예레미야 15장 1절에서 하나님께서 그 사실을 말씀하고 있다. '여호와께서 내게 이르시되 모세와 사무엘이 내 앞에 섰다 할지라도 내 마음은 이 백성을 향할 수 없나니 그

들을 내 앞에서 쫓아 내보내라.'" <sub>앞의 글, P. 30.</sub>

"중보기도의 또 다른 드라마틱한 사례는 모세가 십계명을 받기 위해 시내산으로 올라갔고, 이스라엘 백성들이 하나님을 배반하고 우상숭배를 저질렀을 때에 일어났다. 진노하신 하나님께서는 '그런즉 내가 하는 대로 두라 내가 그들에게 진노하여 그들을 진멸하고 너를 큰 나라가 되게 하리라'<sub>출 32:10</sub>라고 말씀하셨다. 그때 모세는 성경에 기록된 중보기도들 중에서 가장 감동적인 중보기도를 하나님께 드렸다. 모세의 중보기도의 결과는 바로 성경의 이 말씀이다. '여호와께서 뜻을 돌이키사 말씀하신 화를 그 백성에게 내리지 아니하시니라.'<sub>출 32:14</sub> 모세의 마음은 내가 아는 많은 중보기도자들의 전형적인 마음이다." <sub>앞의 글.</sub>

여기서도 피터 와그너가 엄청난 착각과 오류에 빠져 있음이 드러난다. 구약의 모세는 장차 오실 구세주이며 참 중보자이신 예수 그리스도의 그림자였다. 하나님께서 완전한 중보자 예수 그리스도를 보내시기 전까지 시대마다 인간 중보자를 세우셨는데, 그 중에서 가장 예수 그리스도와 비교적 닮은 사람은 모세였다. 모세의 대표적인 중보사역은 이스라엘 백성들을 시내산으로 모으고 이스라엘과 하나님 사이의 하나님은 이스라엘의 하나님이 되시고 이스라엘은 하나님의 백성이 되게 하는 언약을 이끌어 낸 것이다. 모세는 중보자로서 양측의 중간에서 짐승의 피를 뿌리면서 하나님은 이스라엘 백성의 하나님 되시고 이스라엘은 하나님 백성이 되기로 약속하는 언약을 이루어냈다.

그리고 이후 모세는 이스라엘 백성들을 위해 하나님께 중보기도를 올렸다. 이스라엘 백성들이 범죄하여 하나님이 심판하시려고 하면, 모세는 "하나님 저들을 죽이지 마옵소서! 저들을 애굽에서 이끌어내어 가나안 땅으로 인도하신다고 약속하셨는데, 여기서 왜 죽이시려고 하십니까?"라고 결사적으로 하나님을 막았다. 그래도 하나님이 이스라엘을 심판하시려고 하면 모세는 "저들을 죽이실 것이면, 차라리 먼저 저를 먼저 죽이십시오!"하면서 하나님의 심판을 가로 막았다. 이것은 모세가 탁월하였기 때문이 아니고 그가 장차 오실 예수 그리스도의 예표였기 때문에 가능했던 일이다.

　모세는 짐승의 피를 뿌려서 인간과 하나님 사이에 언약을 이끌어 낸 인간 중보자였다. 그러나 참 중보자 예수 그리스도는 십자가에서 흘리는 자기의 피로서 하나님과 우리 사이의 영원한 구원의 새 언약을 이루어 내셨다. 모세나 사무엘과 같은 구약의 인간 중보자의 사역은 그들이 예수 그리스도의 그림자였다는 관점으로만 이해되고 해석되어야 한다. 그들의 중보사역은 예수 그리스도에 의해 완성되었으므로 이제 모세나 사무엘의 중보기도 사역을 이어가는 또 다른 인간 중보기도자들을 세운다는 것은 기독교 신앙의 핵심을 파괴하는 무서운 행동이며, 다른 복음을 전하는 자들에게 경고한 하나님의 저주를 자청하는 심각한 죄악이다.

　이상으로 살펴본 것처럼, 피터 와그너는 중보기도자에 대한 신학과 이론은 비성경적이다. 그러므로 성령의 역사하심과는 거리가 멀고 마귀의 미혹의 역사가 많이 일어나지 않을 수가 없다. 중보기도자에 대한 거짓된 신학을 세운 피터 와그너 자신부터 신사도운동의 가장 대표적인 사도가 되었고, 중보기도 장군이라는 별명을 가진 여성 신사도운동가 신디 제이콥스도 거짓 사도이고, 중보기도와 영적전쟁에 관하여 탁월한 사람이라고 명성이 자자한 더치 쉬츠도 신사도운동의 사도이다. 이 외에도 신사도운동으로 기울어진 교회들과 선교단체들의 실정을 보면 중보기도 사상과 매우 깊이 연관되어 있음을 확인하게 된다.

피터 와그너는 "중보기도의 은사를 받은 대부분의 사람들은 예언의 은사를 함께 받는다."C. Peter Wagner, *Prayer Shield*, p.49.라고 하였다. 예언의 은사는 하나님으로부터 직접 메시지를 받는 성령의 은사이다. 대부분의 중보기도자들이 하나님으로부터 직접 계시를 받는 사람들이라는 것인데, 피터 와그너와 중보기도자들의 영적인 세계는 너무도 심각하고 위험스러워 보인다. 성경에는 두 가지 성향의 예언의 은사가 나온다. 하나님으로부터 직접 예언을 받아서 말하고 기록하고 전하게 하는 예언의 은사는 구약의 선지자들과 신약의 사도들에게 주어졌던 은사이고, 그들의 예언은 성경 66권의 완성과 함께 사라졌다. 지금 더 이상 하나님으로부터 오는 성령의 영감으로 말미암는 환상, 꿈, 음성 등으로 직접 메시지를 받는 예언의 은사는 교회에 존재하지 않는다. 성경은 또 다른 예언의 은사를 말씀하고 있다. 구약의 선지자들과 신약의 사도들을 통해 주신 예언을 교회에서 선포하고 가르치고 설명하는 말씀도 예언의 은사라고 말씀한다. 이러한 예언은 지금도 교회에 존재하고 있으나 코르넬리스 프롱크, 「예수 그리스도 외에 다른 터는 없네」 (임정민 역) (그 책의 사람들, 2015), 103쪽.피터 와그너가 대부분의 중보기도자들이 중보기도의 은사와 함께 받는 예언의 은사는 직통계시를 받는 거짓된 예언의 은사를 의미하므로 너무나도 심각하다.

피터 와그너가 중보기도자들 대부분이 하나님으로부터 직통으로 계시를 받는 이단자들임을 공개적으로 천명한 것이나 마찬가지이다. 성경의 완전성, 최종성, 종결성, 절대성에 도전하기 때문에 예언의 은사가 지금도 있다는 것은 기독교 신앙의 근간을 흔드는 중대한 문제이다. 중보기도자들에게 예언의 은사가 있다는 것은 하나님이 주시는 환상, 꿈, 음성, 계시를 전하는 천사의 방문 등의 현상이 그들에게 나타난다는 것이다. 실제로 신디 제이콥스를 비롯한 유명한 중보기도자들의 책 속에는 그러한 이야기들이 부지기수로 많이 등장한다. 중보기도의 은사, 직분, 사상이 등장한 이후 교회와 신자들에게 큰 영향을 미치는 혼란스러운 미혹이 점점 증가하고 있다.

## 2. 선지자

피터 와그너는 1970년대에 중보기도자들이 먼저 등장하고 난 후 1980년대에 선지자들이 등장하여 인정받기 시작했다고 주장했다. 그가 말하는 선지자는 구약의 선지자가 아니고 사도행전에 나오는 신약의 선지자이다. 그는 선지자의 가장 우선적인 일은 하나님의 음성을 잘 듣는 것이라고 다음과 같이 말했다.

"하나님의 음성을 들을 수 있도록 기름부음을 받은 사람은 누구인가?

당연히 선지자들이다. 중보기도자들이 사역을 잘 감당하면, 선지자들은 하나님의 음성을 더욱 정확하게 들을 수 있고, 그 내용을 그리스도의 몸된 교회에 전달할 수 있다." C. Peter Wagner, *Dominion*, p. 27.

피터 와그너는 선지자들이 등장하여 본격적으로 하나님의 음성을 듣고 교회에 전달하여 주기 시작했다고 했는데, 그는 신약의 선지자들의 주된 사역에 대해 오해하고 있었던 것 같다. 사실 신약의 선지자들이 주로 했던 일은 하나님이 주시는 계시의 말씀을 직접 받아서 전하는 일이 아니었다. 그들은 이미 하나님이 구약의 선지자들과 당시 신약의 사도들을 통해 주신주시고 있는 그리스도의 중심의 구원계시의 말씀을 다른 사람들보다 더 먼저 이해하고 깨달아서 가르치는 말을 전하는 사람들이었다.

신약의 선지자들은 '성령의 영감' 또는 '성령의 감동'하심으로 하나님으로부터 직접 오는 메시지를 받기보다는 '성령의 조명'하심으로 이미 주어진 예언을 해석하고 적용하고 가르치고 설명하는 말씀을 전했던 사람이다. 그런 면에서 초대교회의 선지자들은 기본적으로 교사들이었다. 사도행전 15장을 보면 사도들이 당시 기독교 세계에서 가장 권위있는 큰 회의를 열었는데, 그 주제는 안디옥 등의 이방인 그리스도인들과 유대인들에게 중요했던 율법의 관계였다. 이방인들에게 구원을 위해 율법을 지키라고 가르쳐야 할 것인지에 대해서 격렬하게 토론하였으나, 결론은 이방인 그리스도인들이 유대인들에게 중요한 율법을 지킬 필요가 없다는 것이었다. 그 문제를 처음 제기한 안디옥의 이방인 그리스도인들에게 그 내용을 설명하고 가르쳐야 했으므로, 누군가 예루살렘에서 안디옥 교회에 가야만 했다. 그 일을 하도록 사도들이 안디옥 교회에 보낸 사람들은 선지자 유다와 실라였다.행 15:27.

이 일을 통하여 볼 때, 초대교회의 선지자들은 기본적으로 교사들이었다. 그들의 예언의 주된 성격은 발람의 나귀처럼민 22:28 하나님이 주시는 메시지를 그대로 전하는 예언이 아니었고, 하나님이 이미 사도들을 통하여 주신주시고 있는 예수 그리스도 중심의 예언을 구약의 예언과 조합하여 더 먼저 이해하고 깨달아서 다른 사람들에게 가르치는 것이 초대교회의 선지자들의 주된 예언이었다.

그래서 사도 바울은 예언의 은사를 가진 사람들에게 '믿음의 분수대로' 예언하라롬 12:6고 했다. 신약의 선지자들의 예언이 하나님이 직통으로 주시는 계시를 받아서 전하는 것이었다면, 발람의 나귀처럼 하나님이 주시는 대로 전해야 했다. 만일 어떤 신약의 선지자에게 하나님의 계시가 임했는데, 그가 자기 믿음의 분수에 맞지 않는다고 무시하거나 전하기를 거부하면 하나님께서는 그 선지자를 심판하셨을 것이다. 바울의 '믿음의 분수'에 맞게 예언하라는 가르침은 초대교회의 선지자들의 예언의 본질이 성령의 조명하심으로 구약과 신약 사도들의 예언 속에 나타난 예수 그리스도 중심의 신앙의 원리를 올바르게 이해하여 모르는 사람들에게 가르쳐야 한다는 뜻이었다. 성령의 조명하심과 스스로의 이해와 깨달음이 없으면 함부로 나서서 다른 사람들에게 섣불리 가르치려고 해서는 안 된다는 뜻이었다.

그러나 초대교회의 선지자들의 예언이 항상 이와 같은 가르치는 말뿐이었다고 볼 수는 없다. 사도행전에 나오는 선지자 아가보는 천하에 흉년행 11:28 이 들것이라는 하나님의 특별계시를 받아서 전하기도 했다. 아가보는 바울이 3차 선교여행을 마치고 예루살렘으로 향하는 바울에게 예루살렘에서 유대인들에게 체포되어 생명의 위협을 당하게 될 것이라고 자신이 성령의 감동하심으로 받은 하나님의 계시를 예언하였다.행 21:11 사도행전 13장 1절은 안디옥 교회가 금식하고 있을 때, 성령께서 바나바와 바울을 따로 선교사로 세우라고 하나님이 특별하게 말씀하셨다고 한다. 안디옥 교회의 선지자들, 바나바, 시므온, 마나엔, 사울 중 누군가가 하나님의 그 계시의 말씀을 들었을 것이다.

그러므로 초대교회의 선지자들에게도 종종 하나님이 특별계시가 임했다는 것을 인정해야 한다. 그러나 그 내용은 언제나 예수 그리스도의 몸된 교회 설립에 관련된 내용이었다. 천하에 흉년이 들 것이라는 선지자 아가보의 계시로서의 예언은 이방인 안디옥 교회가 예루살렘 교회를 위해 헌금을 보내게 만들었다. 안디옥 교회의 선지자를 통해 바울과 바나바를 따로 세우라는 계시로서의 예언도 사도 바울과 바나나의 이방인 선교사역을 시작하게 만들었다. 바울이 예루살렘에 가면 체포될 것이라는 아가보의 예언은 성도들이 이후 바울의 여정을 위해 기도하게 만들었고, 바울 자신도 마음의 준비를 단단히 하게 만들었다. 실제로 바울은 유대인들로부터 생명의 위협을 당하였으나 로마 황제에게 재판을 받아야 할 죄수가 되어 지중해를 건너 로마로 가는 길을 스스로 택하였고, 그래서 복음이 로마에까지 전파되게 되었다.

신약의 선지자의 예언에 대해 정리하면 다음과 같다.

첫째, 초대교회의 선지자들의 예언의 본질은 구약과 사도들의 가르침 안에서, 그리고 성령의 조명에 힘입어, 깨닫고 이해한 기독교 신앙의 원리를 다른 사람들에게 가르치는 말이었다.

둘째, 신약의 선지자들도 특별한 경우에는 하나님이 직접 주시는 계시를 받아서 전하기도 했다. 그러나 그 내용은 언제나 그리스도의 교회 설립과 관련된 내용이었다. 결코 사적으로 개인의 운명이나 장래사에 대한 초대교회의 선지자들의 예언은 없었다.

성경의 완성으로 하나님이 직접 주시는 예언이 사라졌으므로 초대교회 선지자들을 통해 간혹 나타났던 계시로서의 예언도 함께 종결되었다. 신약의 선지자들의 이미 주어진 예언을 교회에 선포하고 가르치는 예언은 바울이 교회에 세운 장로들을 통하여 이어졌다. 그러므로 제 2의 사도시대를 개막하기 위해 중보기도자들이 먼저 나타나고, 그 다음에 선지자들이 나타나서 본격적으로 하나님의 음성을 듣고 교회에 전달하기 시작했다는 피터 와그너의 주장은 전혀 신학적 타당성을 가지지 못한다. 왜냐하면 실제 신약의 선지자들의 주된 사역은 하나님의 음성을 듣는 것이 아니라 가르치는 것이었고, 또한 그들의 가르치는 사역은 지금 현재의 목회자들과 설교자들을 통해 이루어지고 있기 때문이다.


3. 사도


피터 와그너는 하나님께서 1990년대부터 교회에 사도들을 세우기 시작했다고 주장하였다. 그는 사도가 등장해야 할 이유를 다음과 같이 설명했다.

> "일반적으로 선지자들은 하나님의 음성을 정확하게 듣기는 해도 그러나 대부분의 경우 그들은 그것을 가지고 교회를 무엇을 어떻게 해야 하는지에 대해 알지 못한다. 그러므로 사도들이 있어야만 하는 것이다."
> 앞의 글.

하나님의 음성을 듣는 선지자는 하나님이 주시는 그 말씀으로 교회를 위해 어떻게 일해야 하는지 알지 못하고, 그것을 정확하게 알고 일하는 사람은 사도라는 것이다. 사도의 주된 기능은 선지자를 통하여 하나님이 주시는 말씀을 교회에 적용하고 집행하는 것이라고 피터 와그너는 여기고 있었던 것 같다. 그는 사도에 대해 또 다음과 같이 말했다.

> "사도들의 주된 기능은 바울이 디모데에게 말했던 것처럼 '부족한 일을 바로 잡는'딛 1:5것이다. 사도들도 직접 하나님으로부터 직접 말씀을 받기도 하지만, 사도들은 주로 선지자들은 통하여 하나님의 말씀을 받고 그 내용을 해석하고 판단하여 전략을 수립한다. 그리고  하나님의 일을 이루기 위해 자신들이 지도력을 발휘한다." 앞의 글.

사도들도 직접 하나님으로부터 계시를 받기도 하지만, 하나님의 계시는 주로 선지자들을 통하여 교회에 주어진다고 하였다. 사도들은 그 내용을 판단하고 해석하여 교회에 적용하기 위한 전략을 수립하며, 자신들이 그 일을 이루기 위해 지도력을 발휘하는 사람들이라고 피터 와그너는 설명했다. 선지자들과 사도들의 역할과 기능이 이렇게 다르므로 제일 먼저 중보기도자들이 등장했고, 그 다음에 선지자들이 등장했고, 마지막으로 사도들이 등장하여 제2의 사도시대가 시작되었다는 것이다. 피터 와그너는 신사도운동의 사도에 대해 좀 더 명확하게 다음과 같이 정의하였다.

> "사도는 누구인가에 대한 나의 정의는 다음과 같다: 사도는 은사를 받고, 훈련을 받고, 직분의 위임을 받은 크리스챤 지도자로서 주어진 사역의 영역에서 교회의 기초적 체제를 확립하기 위한 권위를 부여받아 보내심 받은 자이고, 성령이 교회에 하시는 말씀을 듣고 하나님 나라의 확장을 위한 일들의 질서를 바로 잡는 자이다." 앞의 글, p. 31.

피터 와그너의 사도의 정의는 예수 그리스도가 세운 초대교회의 사도들의 사역과 정확하게 일치하는 내용이다. 예수 그리스도가 세운 사도들은 성령이 교회에 하시는 말씀을 들었고, 그 내용을 가르치고 선포하면서 교회를 세웠다. 하나님께서는 사도들이 그러한 일을 하는데 필요한 영적인 권위와 성령의 은사를 주시었다. 그러므로 사도들은 놀라운 성령의 이적들을 행하면서 예수 그리스도의 복음을 선포하며 하나님의 나라를 확장하였다. 그런데 피터 와그너는 똑 같은 일을 하는 새로운 사도들을 세웠던 것이다. 예수 그리스도의 교회를 허물고 '다른 교회'를 세우려는 시도가 아니라면 이런 일을 할 필요가 없는 것이다. 그렇다면 피터 와그녀는 과연 누가 사도인지 어떻게 알아보았을까? 예수 그리스도께서 새로 세우는 사도가 누구인지 어떻게 판단하였을까? 그는 이렇게 주장했다.

> "사도는 사도의 은사를, 선지자는 예언의 은사를, 복음전하는 자는 복음전하는 은사를 가져야 한다." C. Peter Wagner, *Your Spiritual Gift Can Help Your Church Growth*, p.55.

> "사도의 직분을 수여하는 분은 하나님이 아니고 그 은사를 인정하는 사람들이다. 어떤 은사를 가진 사람은 자동적으로 그 은사의 열매를 드러내게 된다." 앞의 글, p. 194.

하나님이 어떤 사람에게 사도의 은사를 주실지라도 그 사람이 자동적으로 사도가 되는 것은 아니라고 했다. 이것은 상당히 궤변이고 억지이며, 예수 그리스도가 성경의 사도들을 세우신 방법과는 완전히 다른 내용이다. 예수 그리스도는 하나님이 사도의 소명과 은사를 주신 사람들을 친히 부르셨고, 3년 동안 그들을 가르쳤고, 함께 기도했고, 함께 고난을 당하며 전도하였다. 그들이 사도의 일을 감당할 수 있도록 충분히 훈련시키셨다. 그렇다면 피터 와그너의 새로운 사도들은 누가 그들을 가르치고 훈련시킨다는 것인가? 하나님으로부터 사도의 은사를 받을지라도 그들을 사도로 세우는 분은 하나님이 아니고 사람들이라고 하니, 그들은 과연 누구로부터 보냄을 받은 사도일까? 사도의 은사를 받은 사람은 자동적으로 그 은사의 열매를 맺을 것이므로 사람들이 그 사람이 사도임을 저절로 알아보게 된다는 주장은 매우 어처구니없다. 이 시대의 대다수의 목회자들도 올바른 신학 지식이 부족하여 갈팡질팡하고 있는데, 대중들이 사도의 은사를 받은 사람을 알아본다는 것이 말이 되는 소리인가?

> "사도의 은사와 사도의 직분 사이에는 매우 큰 차이가 있다. 이 둘은 동일하지 않다. 사도의 은사나 또는 다른 은사들은 하나님의 선택과 은혜로써 어떤 사람에게 주어진다…… 은사는 하나님의 은혜를 따라 주어질지라도 직분은 사역을 통하여 주어진다. 더 나아가서 직분은 하나님이 우리에게 주시는 것이 아니고 사람들이 우리에게 부여하는 것이다. 어떤 사람에게 사도직을 부여하는 것에 관하여 중요한 사실은 그 사람이 실제로 그 은사를 받았음을 보여주는 외적은 열매들이다." C. Peter Wagner, *Apostle Today*, p. 25.

사도의 은사를 받는 것과 실제 사도 직분자가 되는 것이 동일하지 않다는 피터 와그너의 주장은 성경의 12 사도 외에 사도의 은사를 받은 또 다른 사람들이 있었을 수도 있다는 것이다. 가장 대표적인 사도의 은사는 성령의 감동하심을 입어 하나님이 주시는 예언을 직접 받는 것인데, 만일 12 사도 외에 인정받지는 못했으나 사도의 은사를 간직하고 있는 우리가 모르는 또 다른 사람에게도 하나님의 계시가 나타났을 수도 있다는 말이나 마찬가지이다. 은사를 받는 것과 그 은사를 발휘하는 직분을 받는 것이 같은 일이 아니라는 피터 와그너의 이론은 정말 심각한 궤변이고 많은 사람들을 혼동에 빠지게 만드는 주장이다. 하나님께서는 깊으신 뜻 가운데 택하시고 부르신 자를 반드시 자기의 일꾼으로 세우시는 분이다. 전능하신 하나님은 자신이 부르신 자를 반드시 단련시켜 하나님의 일을 감당하게 하시는 하나님이시다. 사도의 은사는 하나님에게서 오지만, 그 은사의 열매를 보고 인정하여 사도의 직분자로 세우는 일은 사람의 몫이라는 이론은 교회의 질서와 신앙의 원리를 심각하게 훼손하는 궤변이다.

실제로 피터 와그너가 결성한 사도들의 모임은 '국제사도연맹'International Coalition of Apostles이 형성되는 과정과 그리고 새롭게 사도로 인정되어 회원이 되는 과정에 대한 그의 설명을 보면, 교회와 기독교 신앙에 관련된 중대한 일을 무게있게 진행한다는 느낌은 전혀 들지 않는다. 오히려 너무나도 위험스럽고 마치 청소년들의 어떤 서클 모임이 형성되어 발전되어가는 것 수준의 모양새이다. 피터 와그너는 자신이 결성한 국제사도연맹의 하는 일 중의 하나는 먼저 사도가 된 사람들이 사도의 은사를 가진 다른 사람을 알아보고서 확증affirmation하여 주는 것이라고 하였다. 어떤 사람에게 사도의 은사가 있음이 확인되면 그 사람을 사도로 안수ordain하는 것이 아니고 위임commissioning한다고 하였다. 앞의 글, p.26.

피터 와그너가 새로운 사도를 발굴하여 세우는 이와 같은 방식이 얼마나 비성경적이고 기독교 신앙과 교회를 어지럽히는 일인지는 이미 거짓 사도 타드 밴틀리 사례에서 충분하게 드러났다. 2011년 플로리다에서는 피터 와그너와 국제사도연맹에 소속한 유명한 거짓 사도들, 릭 조이너, 빌 존슨, 체안, 존 아놋 등이 타드 밴트리를 사도로 세우는 위임식을 거창하게 거행했었다. 피터 와그너는 그날 설교에서 초대교회의 야고

보, 게바, 요한과 같은 중요한 사도 세 사람, 빌 존슨, 체안, 존 아놋이 타드 밴틀리의 사도 위임식을 진행한다고 자화자찬했었으나, 불행히도 그 일이 있고 얼마 후 타드 밴틀리는 자신의 범죄로 말미암아 더 이상 공개적인 활동을 하지 못하게 되어버렸다. 정이철, 「신사도운동에 빠진 교회」, 46쪽.

피터 와그너가 공개적으로 선전하면서 세운 거짓 사도 타드 밴틀리의 사례는 신사도운동의 새로운 사도를 하나님께서 매우 악하게 여기시는 죄악된 일이라는 사실을 충분하게 보여주었다고 여겨진다.

종교개혁자 칼빈과 그 후배들에 의해 정립된 정통 교회의 개혁 신학 Reformed Theology이 사도에 대해 가르치는 내용을 정리하자면 다음과 같다. 사도는 예수 그리스도가 지상에 계실 때 직접 부르시고 훈련시키신 후 신약 성경을 완성하고 지상에 예수 그리스도의 교회를 설립했던 사람들이다. 구약에서는 선지자들이 하나님의 예언자들이었으나 신약에서는 주로 사도들이 하나님의 예언을 받아 성경으로 기록하여 교회에 전하였다. 하나님께서 구약의 선지자들처럼 예수 그리스도의 사도들에게 성령의 감동을 베푸셨으므로 사도들은 신약의 예언자가 되었다. 그래서 사도들의 사역에서 하나님의 계시와 관련된 하나님의 음성, 예수 그리스도의 나타나심, 천국 환상 등 인간의 필설로 표현할 수 없는 특별한 현상들이 나타났다.

사도들이 예수 그리스도의 십자가를 전파할 때 죽은 사람이 다시 살고, 일어서지 못하고 걷지 못하는 장애를 가지고 태어난 사람이 완전하게 고쳐지는 하나님의 창조에 버금가는 이적들도 나타났다. 사도들을 통해 하나님이 그러한 일을 행하신 것은 성경을 완성하고 지상에 예수 그리스도의 교회를 세우시기 위함이었다. 성경을 완성하는데 필요한 계시의 말씀이 예수께서 세우신 사도들을 통해 다 기록되었고, 그들의 복음 전파를 통해 예수 그리스도를 구주로 믿는 하나님의 교회가 지상에 설립되었다.

예수께서 직접 세우신 사도들은 자신들에게 주어진 그 사명을 다 감당하고 대부분 순교하였다. 그들이 떠난 후 하나님은 더 이상 사도를 세우지 않으셨다. 왜냐하면 사도들을 통해 신약의 하나님 백성의 신앙과 구원을 위한 예언이 완성되었고, 하나님의 구원기관인 예수 그리스도를 구주로 믿는 하나님의 교회가 설립되었기 때문이다. 실제로 성경에 나오는 초대교회의 사도들이 떠난 후 그들을 대신하는 다른 사도는 등장하지 않았다. 그 이후 아무도 신약의 교회에 또 다른 사도가 필요하다고 말하지도 않았다. 이것이 정통 교회의 성경의 사도직에 대한 올바른 가르침이다.

제 4장
# 통치신학

피터 와그너의 도미니언 사상은 신사도운동이

처음부터 가지고 있었던 자신들의 하나님나라

구현을 위한 실천신학이라고 이해하여야 한다.

...eads of your writers
...l. If you want to go away
... you may go to any place
...to choose. You have to and
...whatever you wish," and
..."When I did not answer,
...son of ... and ...

...think ye... ...the king of Babylonia at
...with Baby... ...the towns of
...present and ... you may go anywhere
... and let me go on my way." el went to stay
...with Gedaliah in Mizpah and lived
...among the people who were left in the
...land.

Gedaliah, Governor of Judah
(2 Kings 25.22-24)

...some of the Judean of...
...had not surren...

...rns off your wrists and...
...If you want to go to Babylon...
...me. If you may do so, and I will...
...of you. But if you don't want to...
...don't have to. You have the...
...try to choose from, and you...
...wherever you wish."
...When I did not answer,
...said, "Go...
...ndson of...
...Babylonia...
...the towns of...
...with hi...among...
think ye...you may go anywhere...
present and...should." Then he gave you...
and let me go on my way. 6I went to sta...
with Gedaliah in Mizpah and lived...
among the people who were left in the
land.

## Gedaliah, Governor of Judah
### (2 Kings 25.22-24)

7Some of the Judean o...
...had not surren...

# 통치신학

피터 와그너는 신사도운동을 펼치면서 무엇을 꿈꾸었을까? 단순히 예언운동이나 하고, 사라졌던 사도직을 다시 세워 국제사도연맹이나 만들어서 자신이 대장이 되는 것이 그의 목표였을까? 피터 와그너의 비젼 vision은 그런 정도가 아니었다. 그의 목표는 신사도운동을 통해 지상에 자기의 신이 통치하는 나라를 실현하는 것이었다. 신사도운동 교회를 이 땅에 많이 전파하여 피터 와그너가 궁극적으로 시도했던 것들을 이해하려면 그의 책 「Dominion」 도미니언을 읽어봐야 한다. 이 책의 서문에서 피터 와그너는 이렇게 말했다.

"나는 교회가 사회변혁transforming society을 위해 헌신하기를 원하시는 하나님의 긴급한 명령에 순종하기 위한 성경적, 신학적, 전략적 요소들을 설명하기 위해 이 책을 저술했다." C. Peter Wagner, *Dominion*, p. 11.

"인간 사회는 일곱 개의 문화의 틀, 즉 종교, 가정, 정부, 예술과 오락 entertainment, 매스컴, 비즈니스, 그리고 교육에 의해 운영되고 있다. 사회가 변하기 위해 이러한 각각의 문화의 틀들이 기독교인이건 비기독교인이건 간에 선한 의지를 가진 사람에 의해 '지배되거나'dominated 인도되어야 한다는 사실을 누구나 인정하고 있다. 그래서 나는 앞 문장에서 강조 표시한 '지배됨'이라는 단어를 이 책의 제목으로 선택했다." 앞의 글, p. 12.

피터 와그너가 단순히 기존의 기독교 신앙을 변경시키기 위해 신사도운동을 전개한 것이 아님을 알 수 있다. 그의 최종적인 목표는 신사도운동 교회들을 통해 이 땅에 자기의 하나님 나라를 세우는 것이었다. 그는 이 땅에 자기의 신이 다스리는 나라를 세우기 위한 신학 이론을 '통치신학'dominion theology이라고 불렀다. 그는 자신의 통치신학이 자신의 하나님 나라를 이 땅에 구현하기 위한 실천신학으로써 구상하였고, 그것을 다른 말로는 자기의 하나님 나라가 지금 임하게 한다는 의미에서 '킹덤 나우'Kingdom Now라고도 했다. 가장 대표적인 명칭은 간단하게 '도미니언'dominion이다. 앞의 글, pp. 59-60.

피터 와그너의 Dominion 사상은 핵심은 땅의 모든 영역이 온전한 하나님 나라가 되기를 위해 '변혁'transformation을 이루어 내는 것이다. 앞의 글, p. 11. 그러나 그의 꿈은 근본적으로 불가능한 것이었고 또한 성경이 가르치는 것도 아니었다. 이전에도 칼빈과 아브라함 카이퍼 등을 통해 이 땅에 하나님의 뜻이 온전하게 실현되는 나라를 세우기 위한 시도가 있었으나, 부분적으로, 일시적으로 성공했을 뿐이었다. 성경은 그리스도의 재림이 있기 전에 지상의 모든 영역에서 하나님의 뜻이 온전하게 이루어지는 순결하고 완전한 하나님나라의 실현에 대해서 전혀 말씀하시지 않는다. 오히려 성경은 그 반대 사실들을 예언하였다. 디모데후서 3:1-5절을 보면 세상을 갈수록 타락하고 인간성은 더욱 더 부패해지고 쾌락과 돈이 중심이 되는 죄악된 세상이 될 것이라고 말씀하신다. 믿는 자들은 이러한 세상에서 온 힘을 다하여 자신의 믿음을 지키면서 하나님의 구원의 날을 기다려야 한다. 특히 믿는 자들은 마지막 때에 거짓 믿음과 속이는 거짓 영들의 장난을 분별함으로써 참 믿음을 지켜야 한다고 말씀하신다.

"그러나 성령이 밝히 말씀하시기를 후일에 어떤 사람들이 믿음에서 떠나 미혹케하는 영과 귀신의 가르침을 좇으리라"딤전 4:1.

예수 그리스도가 재림하시기 전에 신사도운동으로 이 땅에 자신이 믿는 거짓 하나님의 온전한 하나님의 나라를 구현하려고 시도했던 피터 와그너의 통치신학 이론은 성경의 가르침과 근본적으로 상반된다. 사실 그러한 구상은 피터 와그너가 처음으로 고안한 것도 아니었다. 신사도운동의 초기 단계에서부터 그들의 운동으로 인해 지상의 역사 속에서

'영적완성'이 이루어지고, 자신들이 예수 그리스도의 재림을 초청한다는 황당한 아이디어들이 존재하였다. 그 내용들을 살펴보면 피터 와그너의 Dominion 이론이 그가 새로이 창안한 것이 아니라 신사도운동의 조상들 때부터 있었던 것임을 알 수 있다.


## 1. 요엘의 군대

신사도운동과 '요엘의 군대'Joel's Army라는 단어는 매우 밀접한 연관이 있다. 많은 신사도운동가들이 부정하기도 하지만, 원래부터 신사도운동가들은 자신들의 영적인 정체성을 요엘의 군대라는 개념 속에서 찾았다. 요엘의 군대란 신사도운동을 위하여 하나님이 종말에 일으키신다는 특별한 영적집단이다. 지상의 교회를 신사도운동으로 개혁하고, 더 나아가 온 세상을 하나님의 나라로 변화시키도록 하나님으로부터 선발되어 훈련받은 집단이다. 다시 말해 신사도운동의 전위부대인 셈이다.

그들은 요엘의 군대의 근거를 구약성경 요엘서 2장에 등장하는 '메뚜기 떼'에 두었다. 실제로는 이스라엘을 심판하는 이방 나라의 침략 군대를 의미하는 것이지만 황당하게도 신사도운동가들은 교회를 개혁하고 하나님나라를 지상에 실현하는 군대의 의미로 왜곡하였다. 그 실례를 들자면 한국의 신사도운동의 중보기도 단체인 에스더기도운동본부를 들 수 있다. 이 단체의 대표인 이용희 교수는 다음과 같이 말했다.

"요엘서 2장에는 전무후무한 하나님의 권능의 군대가 나온다. 마지막 때를 위해 이미 성경에 예언된 군대 운동이다. 이것이 에스더를 부르신 궁극적인 목적이었다. 에스더기도운동이 Jesus Army Movement로 이어지고, 이 무브먼트가 세계적으로 연합해서 모든 나라를 뒤덮으면 그다음에 예수님이 오시는 것이다. 이것이 마지막 key이다. 다윗의 열쇠이다." http://cafe.daum.net/korba/JPab/8?docid=1GzOUJPab820090515200301

이용희 교수가 한국 사회를 변화시키기 위해 강력하게 추진하고 있는 '예수군대운동'Jesus Army Movement이 신사도운동의 요엘의 군대의 개념에 근거하고 있음을 알 수 있다. 요엘의 군대에 관한 거짓된 이론은 대표적인 거짓 선지자인 폴 케인Paul Cain, 1929년 출생으로부터 시작되었다고 알려져 있다. 그러나 더욱 본격적으로 이 개념을 발전시킨 사람들은 80년에 미주리 주의 거짓 선지자들의 도시 캔자스시티Kansas City에서 밥 존스Bob Jones, 1925-2014를 중심으로 활동했던 거짓 선지자들이다. 마이크 비클Mike Bickle, 1955년 출생과 밥 존스 등이 당시에 나눈 대화가 기록된 어니 그루웬 문서에는 다음과 같은 내용이 있다. http://blog.naver.com/yoochinw/130040323689

"종말의 때에 30만 명이 하나님의 종말의 요엘의 군대의 리더들이 되기 위해 하나님에 의해 발탁되었다."

"그는 밥 존스의 상자 가득한 종말 군대를 위한 징병 통지서를 보았다. 주께서 거기에 30만 명의 소집 통지서가 있으며, 이들을 다음 세대에 전국으로 보낼 것이라고 그에게 말씀하셨다고 했다. 이것은 그때 보내어지는 것이 아니었다…… 30만 명은 지구상의 10억이 넘는 회심자들을 이끄는 주된 리더쉽이 될 것이다."

실제로 대부분의 신사도운동가들은 자신이 하나님의 부름을 받은 요엘의 군대의 요원이라고 생각하고 있다. 그것을 보여주는 대표적인 사람은 피터 와그너에 의해 공개적으로 사도로 세워지는 위임식의 주인공으로 등장했던 거짓 사도 타드 밴틀리Todd Bentley, 1976년 출생이다. 그는 자신의 목에 군인들의 군번 모양의 문신을 새겼고, 그 속에 Joel's Army 라는 글자를 새겨 넣었다. 이는 그가 자신의 영적인 정체성을 이 땅에 하나님의 나라를 완성하여 예수 그리스도의 재림의 여건을 성취한다는 망상으로 시작된 신사도운동의 요엘의 군대 사상에서 발견하였다는 명백한 증거이다. http://www.scribd.com/word/full/2909690?access_key=key-1kemdjn0fcv3x06fjfh2

1999년부터 캔자스시티에서 IHOP국제기도의 집International House of Prayer을 시작한 마이크 비클은 자신의 신앙 운동을 일반적인 신사도운동의 노선으로부터 차별화시키기 시작했다. 그래서 IHOP의 홈페이지나 다양한 자료들에서는 신사도운동의 전통적인 용어들이 발견되지 않는다. 특히 요엘의 군대와 같은 개념과 용어를 철저하게 배격되었다. 그럼에도 불구하고 마이크 비클은 신사도운동의 초기 단계였던 '늦은 비운동'의 요엘의 군대의 개념을 다른 모양새로 유지하고 발전시켰다. 마이크 비클은 그것을 '친밀한 신부의 정체성', '신부 패러다임'으로 바꾸어 말했으나, 사람들은 간단히 '신부운동'이라고 이해하였다. 마이크 비클은 전 세계의 교회들이 신부의 정체성을 가져야 하고, 친밀한 신부의 정체성을 가지게 만드는 특별한 성령의 기름부음으로 무장되어야 그리스도가 재림하신다고 가르쳤다. 전 세계의 교회들이 신부의 정체성을 가지고 특별히 중보기도 운동에 헌신할 때 비로소 그리스도가 재림하실 것이라고 주장했다. Bob Deway, *"Mike Bickle and International House of Prayer"*, http://cicministry.org/commentary/issue107.htm

이러한 마이크 비클의 신부 사상도 초기 신사도운동가들이 하나님 나라를 이 땅에 실현하여 예수 그리스도의 재림을 불러온다고 믿었던 요엘의 군대의 개념과 크게 다르지 않다. 이처럼 대부분의 신사도운동가들에게는 요엘의 군대 개념, 또는 그것으로부터 발전되거나 변형된 비슷한 유형의 사상들이 발견된다. 그것이 피터 와그너서는 조금 더 다른 모습으로 나타났다. 그는 요엘의 군대, 신부 신비주의를 주장하지는 않았으나, 대신 이 땅에서의 자기의 신사도운동의 신의 나라를 구현하기 위한 실천적 신학체계로써의 통치신학dominion theology을 발전시켰다. 고전적 초기 신사도운동가들의 요엘의 군대 개념이 아이합의 마이크 비클에게서는 신부 신비운동으로 변형되었고, 그리고 피터 와그너에게서는 도미니언 사상으로 발전된 것이다. 그러므로 피터 와그너의 도미니언 사상은 신사도운동이 처음부터 가지고 있었던 자신들의 하나님나라 구현을 위한 실천신학이라고 이해하여야 한다.

## 2. 아담의 통치권

피터 와그너의 통치신학의 근본적인 문제는 아담에게 주어진 통치권 dominion에 대한 그릇된 이해에서 출발했다. 그는 아담의 타락으로 인하여 사탄이 지상의 모든 것을 통치하게 되었고, 그것이 역사의 불행의 시작이라고 본다. 사탄이 인간과 하나님의 관계를 파괴하기 위한 목적으로만 아담의 타락을 조장하였다고 보는 것은 부적절하다고 생각한다. 사탄이 아담을 유혹한 근본적인 이유는 아담에게 주어진 지상의 만물에 대한 통치권을 빼앗기 위함이었다고 그는 주장한다. 피터 와그너는 다음과 같이 말했다.

> "통치신학의 중요한 단서는 성경의 창세기의 첫 번째 장에서 나타난다. 거기에서 분명하게 나타난 하나님의 계획은 인간을 창조하시고 인간으로 하여금 바다의 고기와 공중의 새와 육축과 온 땅과 땅에 기는 모든 것들에 대한 통치권을 행사하게 하는 것이었다. 이러한 관점에서 볼 때 나는 '하나님 나라 신학'kingdom theology보다는 '통치신학'의 개념이 더욱 성경을 전체적으로 조망하고 있다고 생각한다." C. Peter Wagner, *Dominion*, p. 63.

> "우리의 기존의 성경해석은 사탄이 아담과 하와의 하나님과의 관계를 파괴하기 위해 인간을 유혹하였고, 그래서 유전적으로 후대의 모든 사람들에게까지 전가되는 원죄original sin가 발생하여 모든 사람들이 천국에 가지 못하고 지옥에 가게 되었다고 해석했다. 물론 그것도 사탄의

하나의 목적이었으나 사탄의 더 큰 목적은 하나님이 아담에게 부여한 세상 만물에 대한 지배권을 빼앗는 것이었다." 앞의 글, p. 64.

창세기 말씀에 대한 피터 와그너의 해석과 이해는 비성경적이다. 물론 피터 와그너가 주장하는 것처럼, 창세기 1장 26절은 인간에게 피조세계에 대한 통치권이 주어졌다고 말씀하고 있다.

"하나님이 가라사대 우리의 형상을 따라 우리의 모양대로 우리가 사람을 만들고 그들로 바다의 고기와 공중의 새와 육축과 온 땅과 땅에 기는 모든 것을 다스리게 하자"창 1:26.

"다스리게 하자"를 영어성경 킹 제임스 성경은 "let them have dominion"이라고 번역하였다. 영어 성경에 하나님이 인간이 만물을 통치하게 하셨다는 표현, 특히 dominion통치라는 단어가 있으므로 피터 와그너는 원래 인간에게 정말 만물에 대한 통치권이 주어졌다고 보았다. 그런데 아담이 유혹을 받아 타락함으로써 사탄에게 통치권을 넘어가 버렸다고 보았다. 앞의 글, p. 77. 그러나 그의 성경이해는 너무나도 피상적이고 문자적이다. 만일 그의 이해가 맞다면 지금까지 지속된 인류의 역사, 문화, 문명은 마귀의 작품이라고 규정되어야 한다. 왜냐하면 아담의 타락으로 인하여 피조세계에 대한 통치권이 통째로 사탄에게 넘어가 버렸기 때문이다.

그리고 피터 와그너는 예수 그리스도가 두 번째 아담으로 오신 이유가 아담이 잃어버린 통치권을 되찾기 위해서 라고 가르쳤다. 그 차원에서 "하나님의 아들이 나타나신 것은 마귀의 일을 멸하려 하심이라"요일 3:8.라는 말씀을 인용하였다.

> "우리는 두 번째 아담으로 오신 예수 그리스도가 잃어버린 것, 즉 하나
> 님 자신과 인간을 위해 지으신 피조세계에 대한 아담의 잃어버린 통치
> 권을 되찾아 구원하기 위해 오셨다는 사실을 살펴보았다. 예수께서는
> '마귀의 일을 멸하기 위해서 오셨다'요일 3:8. 사탄은 에덴동산의 피조물
> 들에 대한 아담의 권세를 빼앗았으나 예수께서는 역사를 되돌려 놓으
> 시려는 적극적인 의도를 가지고서 세상에 오셨다." 앞의 글, p. 115.

피터 와그너는 예수께서 십자가에 피 흘리고 죽으심을 사탄에게 넘어
간 통치권을 되찾는 작업의 출발점으로 이해한 것이다. 그런데 예수께서
시작하는 사탄에게 통치권을 되찾는 작업이 완성되지 못하였으므로 지
상의 교회가 신사도운동을 통하여 완수해야 한다고 생각하였다. 만일 피
터 와그너의 주장이 맞다면, 훗날 예수 그리스도께서 자신이 처음 시작
하였으나 다 완성하지 못하고 2,000년 동안 지지부진했던 일을 끝내준
피터 와그너에게 고개를 숙이며 고맙다고 말해야 되는 것이다. 피터 와
그너의 성경 해석과 주장의 이론을 따라가면 그렇게 귀결된다. 무엇이
문제일까? 창세기의 인간의 타락에 관한 중요한 말씀에 대한 해석에서
단추가 잘못 끼워졌기 때문이다. 그래서 창세기의 인간의 창조와 타락에
대해서만 혼란이 일어나는 것이 아니라 인간을 죄로부터 구원하시기 위
해 오신 예수님의 십자가의 의미까지 변질시켜버렸다.

과연 하나님이 아담에게 부여하신 피조물에 대한 통치권dominion의 본질은 무엇이었을까? 아담이 모든 피조물들에 대하여 자기 뜻을 따라 마음대로 휘두를 수 있는 독자적인 통치권이었을까? 피터 와그너는 그렇게 이해하였다. 사탄이 아담을 타락시켜 그것을 빼앗았고 이후 아담에게 있었던 그 통치권이 사탄의 것이 되었다고 보았다.

그러나 아담이 하나님으로 받았던 통치권을 그렇게 이해하면 안 된다. 아담이 부여받은 통치권은 오직 하나님의 뜻 안에서 하나님을 대리하는 범위 안에서 피조물을 통치할 수 있는 권한이었다. 하나님은 아담에게 피조세계를 하나님 자신의 뜻 안에서 관리하고, 다스리고, 계발할 사명을 주셨고, 그 사명을 감당할 수 있도록 지성도 주셨다. 그렇게 이해하여야 한다. 피조 세계에 대한 아담의 독자적인 권한을 주셨던 것이 아니다. 하나님 자신의 뜻과 계획안에서 피조물들을 관리하고 다스리는 권한을 주신 것이다. 한국 교회의 대표적인 개혁주의 신학자 서철원 박사는 피조물들에 대한 인간의 역할에 대해서 다음과 같이 말했다.

"창조주로서 자기의 존재를 계시하셨다. 창조된 세계를 통하여 자기의 영광과 권능을 계시하셨을 뿐만 아니라, 공포하셨다. 그리고 창조에 대한 자기의 뜻경륜을 알리셨다. 하나님께서는 인간을 창조하셔서 언약을 맺어 백성 삼기를 기뻐하셨다. 인간을 자신의 백성으로 삼으시사 섬김과 영광을 받으시길 원하셨다. 인간은 하나님을 섬김과 영광을 돌림으로 창조 세계를 다스리기 위해 창조주를 모방하도록 하셨다. 그리하여 창조 세계가 하나님 나라가 되게 하셨다." 서철원, "신학서론", http://

하나님이 인간에게 주신 통치권은 독립적인 통치권이 아니라 하나님의 뜻 안에서 하나님을 대리하는, 즉 하나님을 모방하는 범위 안에서의 통치권이었던 것이다. 하나님께서 인간에게 자신의 형상을 부여하셨으므로 인간은 하나님을 모방하여 피조 세계를 다스리면서 통치권을 행사하는 능력을 부여받은 것이다. 그러나 마귀의 유혹을 받아 타락함으로 원래의 온전한 능력을 상실하고, 생각과 마음이 부패해짐으로 더 이상 하나님의 뜻을 좇아 올바른 통치권을 바르게 행사할 수 없게 되었다. 오히려 사탄의 거짓과 미혹에 영향을 받아 하나님을 거역하는 방식으로 피조물들을 다스리고 관리하는 그릇된 통치권을 행사하게 되었다. 이것이 하나님이 인간에게 주신 피조 세계에 대한 통치권에 대한 올바른 성경적인 이해이다.

그러나 피터 와그너는 에덴동산에서 통치권을 빼앗은 마귀가 인류를 통치하므로 불행과 조직적인 빈곤과 불의한 일들이 역사 속에서 일어났다고 한다. 성경이 말하는 '마귀의 일'요일 3:8이 바로 그러한 것들이라고 가르쳤다. 피터 와그너는 아담이 통치권을 빼앗긴 후에 인류에게 일어난 마귀의 일을 다음과 같이 설명했다.

"예수 그리스도가 멸하시기 위해 오신 마귀의 일들은 무엇인가? 그것은 에덴 동산의 타락 이후 사탄이 인간을 압제하기 위해 계속 해 온 일들, 즉 모든 불행들, 조직적인 빈곤, 그리고 불의와 압제 등이다." C. Peter Wagner, *Dominion*, pp. 115-116.

예수 그리스도가 세상에 오시기 전까지 이러한 마귀의 일들이 전혀 위협을 받지 않고 진행되었으나, 예수께서 세상에 오심으로 인해 이러한 마귀의 일들은 심각한 위협을 당하기 시작했다고 한다. 그는 이렇게 말했다.

> "예수 그리스도가 두 번째 아담으로 오시기 전까지 세계적인 차원에서 사탄의 어둠의 왕국이 방해받아 본 적은 없었다." 앞의 글, p. 116.

피터 와그너의 신학에서는 예수 그리스도는 마귀의 일들, 즉 인간의 불행, 조직적인 빈곤 구조, 불의한 일들 등을 해결하기 위해 오시어 십자가를 지신 분이다. 성경은 예수 그리스도가 하나님의 언약을 배반하여 영원히 죽을 수밖에 없는 죄인이 된 자들을 위해 십자가의 피 흘리심으로 죄를 사하고, 믿음 안에서 자기의 의를 죄인들에게 덧입혀 구원을 주시기 위해 오신 구세주라고 말씀한다. 그러나 피터 와그너에게 예수님은 기껏 인간을 불행하게 만드는 골치 아픈 마귀의 일들을 처리하는 해결사인 것이다. 죄의 종이 된 인간을 새롭게하여 하나님의 백성되게 하는 메시야가 아니고, 마귀의 포악한 횡포를 잘 다스려 인간을 이롭게하는 존재인 것이다. 피터 와그너가 자신의 통치신학에서 기술하는 예수 그리스도는 정통 교회가 이해하고 믿는 예수 그리스도가 아니다.

피터 와그너의 통치신학의 예수 그리스도는 한국 교회가 이단으로 정죄한 김기동의 베뢰아 사상 속의 예수 그리스도와 너무도 유사하다. 왜냐하면 인간을 불행하게 만드는 마귀의 일들을 정리하여 주고 귀신으로부터 통치권을 되찾아 주기 위해 십자가를 졌다고 가르쳤기 때문이다.

피터 와그너는 마귀에 대하여 일반 신학자들이 가르치지 않는 특이한 내용도 가르쳤다. 마귀Lucifer, 루시퍼가 천상에 있을 때에는 큰 능력power과 권위authority를 가지고 있었는데, 그것 때문에 그가 교만하여졌다고 한다. 그는 하나님이 위임해 주신 권세에 만족하지 않고 "가장 높은 구름에 올라 지극히 높은 자와 비기리라"사 14:13,14라고 하였다고 했다. 그러므로 하나님께서 그를 내쫓으셨다. 여기까지는 대부분의 성경학자들이 말하고 가르치는 내용이다.

그러나 피터 와그너는 우리가 동의할 수 없는 공상 소설 같은 이야기를 전개한다. 쫓겨날 때 마귀는 하나님으로부터 능력power은 박탈하지 않았으나 피조 세계를 통치할 수 있는 권세를 박탈당하였다고 주장했다. 그리고 하나님께서 마귀에게서 회수하신 통치권을 자유의지와 더불어 인간에게 주셨다는 것이다. 통치권을 박탈당하여 원통했던 마귀는 이후 아담에게서 다시 그것을 되찾기 위해서 기회를 엿보았고, 드디어 아담을 유혹하여 타락시킴으로 통치권을 되찾았다고 다음과 같이 말했다.

"그 결과 사탄은 쫓겨났다. 그는 능력을 잃지는 않았으나 권세를 잃어버렸다. 하나님이 피조물들을 다스리는 권세를 자유의지와 함께 아담에게 위임하자, 사탄은 원래 자기의 것이나 잃어버린 그 권세를 되찾을 수 있는 기회를 엿보기 시작했다." 앞의 글, p. 64.

원래 마귀에게 피조물들을 다스릴 수 있는 권세가 있었다는 피터 와그녀의 이런 주장의 근거는 성경 어디에서도 발견되지 않는다. 다른 어떤 신학자의 책들에서도 이런 이상한 이야기를 읽은 적이 없다. 그리고 성경 어디에도 인간의 타락 이후 피조 세계에 대한 통치권이 마귀에게 넘어갔다고 할 근거도 없다는 것이다. 오히려 성경은 피조 세계에 대한 통치권은 처음부터 끝까지 하나님께 속하였다고 다음과 같이 말씀한다.

> "이는 만물이 주에게서 나오고 주로 말미암고 주에게로 돌아감이라 영광이 그에게 세세에 있으리로다 아멘"롬 11:36.

> "여호와께서 사단에게 이르시되 내가 그의 소유물을 다 네 손에 붙이노라 오직 그의 몸에는 손을 대지 말지니라 사단이 곧 여호와 앞에서 물러가니라"욥 1:12.

사탄에게 통치권이 있다면 어떻게 만물이 주에게서 나오고 주에게로 돌아간다는 말씀이 성경에 있을 수 있겠는가? 통치권이 마귀에게 있다면 왜 마귀가 마음대로 욥을 죽이거나 괴롭히지 못하고 하나님의 허락을 받아야 했을까? 타락으로 인하여 피조세계에 대한 지배권이 사탄에게 넘어갔다는 피터 와그너의 주장은 성경적이지 못하다.

그렇다면 인간의 타락으로 인해 마귀가 얻은 것은 과연 무엇일까? 결코 피조 세계에 대한 온전한 통치권이 아니다. 마귀는 인간을 죄의 종으로 전락시켰고, 하나님의 선하신 창조를 훼손하는데 성공하였다. 인간이 하나님께 반역함으로 하나님과 인간의 관계가 파괴되었고, 인간은 하나님의 원수롬 5:10로 전락하고 말았다. 사탄은 사악한 능력을 발휘하여 죄로 인하여 하나님으로부터 멀어진 인간을 잔인하게 압제하고 학대하였다. 성경에는 귀신에게 압제당하며 살다가 예수 그리스도를 만나 해방된 사람들의 이야기가 많이 등장한다. 이는 인간이 죄로 인하여 하나님과 단절되면서 마귀에게서 압제와 고통을 당하는 존재로 전락했으나, 예수 그리스도를 통하여 하나님의 은혜가 임하여 다시 마귀의 압제의 사슬에서 벗어나게 되었음을 보여주는 사건들이다.

죄로 인하여 사탄의 종이 된 인간은 하나님을 거역하는 정치, 예술, 문명을 발전시켰다. 그러나 사탄이 인류와 역사를 통치했다고 말할 수는 없다. 아담의 죄를 빌미로 사탄은 끊임없이 인간을 압제하고, 훼방하고, 참소하였으나, 세상 만물에 대한 하나님의 주권과 통치권에 대해 마귀는 결코 잠시도 도전할 수 없었다. 그러나 어느 선까지라고 명확하게 말하기는 쉽지 않으나, 하나님의 통치권에 감히 견줄 수 없는 범위 안에서 사탄은 세상에 대해 큰 영향력과 권세를 가졌던 것은 분명한 사실이다. 그래서 마귀는 예수님이 공생애를 시작할 때에 이렇게 유혹하였다.

"만일 네게 엎드려 경배하면 이 모든 것을 주리라"마 4:9.

예수님을 유혹할 때 했던 마귀의 그 말이 어디까지 사실이었고, 어디부터 거짓이고 과장인지 우리는 명확하게 설명할 수 없다. 그러나 분명한 것은 세상은 영원히 하나님의 것이라는 사실이다. 그런데 피터 와그너는 피조 세계가 사탄의 통치 밑으로 완전히 떨어졌다고 보았다. 그 심각한 오류에서부터 피터 와그너의 통치신학이 시작되었던 것이다.

## 3. 왜곡된 영적전쟁

피터 와그너의 또 다른 중대한 오류는 하나님 나라를 회복하기 위한 방법에 대해서도 그릇된 주장을 했다는 것이다. 그는 영적전투를 매우 강조했다. 영적전투에서 승리함으로써 마귀에게서 통치권을 탈환하면 하나님나라가 회복된다고 가르쳤다. 그러나 피터 와그너는 무엇이 마귀를 물리치는 영적 전쟁의 본질인지에 대해 매우 어이없는 대안을 제시한다. 그는 사람들이 십자가의 예수 그리스도를 만나고 발견하여 그 분을 구주로 믿게 만드는 것을 영적인 전쟁의 핵심으로 가르치지 않는다. 예수 그리스도가 피 흘리신 십자가의 능력을 의지하는 것이 영적 전쟁의 시작이고, 그리스도의 속죄를 적용하시는 성령을 받고 성령 안에서 그리스도와 친밀하게 연합되는 것이 곧 영적인 능력의 근원이라는 사실을 강조하지 않았다. 말씀과 성령 안에서 예수 그리스도와 연합되면 저절로 마귀가 패배하고 떠날 수밖에 없다는 복음의 진리를 가르치지 않았다. 죄인들이 예수 그리스도를 사랑하고 경배하고 높이는 믿음을 가지는 것 그 자체가 사탄을 대적하는 강력한 영적전쟁의 수단이라는 것을 그는 간과하였다.

대신에 피터 와그너는 성도의 영적인 전쟁이 마치 권투선수들이 주먹으로 싸움을 하는 것처럼 진행되는 것으로 가르쳤다. 아이들의 병정놀이같이 마귀와 싸움을 시작해야 한다고 가르치면서 마태복음 10장 34절의 "내가 세상에 화평을 주러 온 주로 생각지 말라 화평이 아니요 검을 주러 왔노라"라는 말씀을 인용하였다. 그는 하나님 나라의 회복을 위해서 귀신들과 싸워야 하고, 이겨야만 평화를 누린다고 말하면서 다음과 같이 전쟁에서 이겨야만 평화를 누리는 세상의 원리를 이야기했다.

> "세상에서는 평화를 얻는 방법은 전쟁에서 이기는 것이다. 나의 세대는 가장 평화로운 시대를 살았다. 그 이유는 무엇일까? 제 2차 세계대전에서 승리했기 때문이다. 그 전쟁이 끝났을 때 나는 열 다섯 살이었다." 앞의 글, p. 117.

통치권 회복을 위한 영적전쟁에 대해 이야기하면서 피터 와그너는 신사도운동의 사도들이 왜 필요한지에 대해 홍보하였다. 일반 목사들은 기껏 영혼들을 돌보고, 양육하고, 위로하는 사역을 할 뿐이지만, 신사도운동의 사도는 영적 전투를 수행하는 특별한 영적 엘리트들이라고 주장했다. 사도들은 마귀에게 빼앗긴 통치권을 되찾는 치열한 싸움을 승리로 이끌기 위해 성도들을 무장시키고, 싸움에 임하도록 독려하고, 어떤 무기를 사용할 것인지, 어떤 전략을 활용할 것인지를 결정하면서 하나님의 나라를 회복시키기 위한 전쟁의 결정적인 부분을 도맡아서 감당한다고 다음과 같이 주장하였다.

> "대부분의 경우에 사도들은 전사들이다. 사도들은 원수 마귀에 대해 알고, 영적 전쟁의 무기를 발전시키는 기술을 발전시키고, 싸움의 전선으로 부름받은 신자들을 격려하기 위해 기꺼이 고통을 감수한다." 앞의 글, p. 123.

"이러한 관점에서 보면 사도들이 등장하기까지 성령께서는 전략적 수준의 전쟁high-level attacks을 사탄을 상대로 펼치라고 교회들에게 말씀하지 않으셨다는 것이 이해가 된다. 이제 사도들이 등장했고 다시 이전 시대로 돌아가지 않을 것이다. 하나님의 나라는 전 지구 상에 확장될 것이다. 사탄은 자신의 때가 정말로 얼마 남지 않았다는 것을 알기 때문에 미쳐 날뛰고 있다. 연합군이 노르망디에 상륙함으로 히틀러의 패배는 시간문제였던 것처럼, 사탄이 지배하는 권세가 깨어지는 것도 이제 시간문제이다." 앞의 글.

결국 피터 와그너의 통치신학에서도 가장 중요한 존재는 사도이다. 타락한 아담으로부터 피조물들에 대한 통치권을 빼앗은 마귀에게서 다시 통치권을 빼앗아 내기 위해 수없는 전쟁을 수행해야만 하는데, 이 과정에서 가장 중요한 역할을 감당하는 사람들은 신사도운동의 거짓 사도인 것이다. 피터 와그너의 신사도운동 교회들을 통한 지상의 거짓 하나님의 나라의 실현을 거대한 변혁의 물결을 주도하는 가장 중요한 사람은 거짓 사도들이다.


## 4. 통치권 회복

피터 와그너는 아담이 타락할 때에 사탄에게 넘어간 통치권을 탈환하기 위해 구체적인 전략들과 방법들을 고안하였다. 그의 전략은 매우 그럴싸하였고, 이미 그의 명성이 널리 유명하였으므로 여러 사람들이 수용하여 신속하게 확산되었다. 특히 외국에서 복음을 전하는 선교사들이 더욱 앞장서 자신들의 사역 현장에 피터 와그너의 통치권 회복 전략을 신속하게 도입하였다. 그러나 그의 통치권 회복을 위한 전쟁 방식들이 적용되는 곳 마다 인간의 죄를 씻으시기 위해 친히 십자가에 달려 속죄의 피를 흘리심으로 죄인과 하나님과 화목하게 만드는 예수 그리스도의 복음이 변질되는 재앙이 일어났다.

피터 와그너의 그릇된 사상이 전파되는 곳마다 죄로 말미암아 하나님의 저주를 받아 영원히 죽게 된 인간에게 죄 사함과 영생을 주는 예수 그리스도의 십자가의 복음은 흔들렸다. 대신에 기독교를 위한 새로운 '전설의 고향'을 방불하게 유치한 전쟁놀이 복음이 교회들 속으로 스며들었다. 특정 지역을 장악하고서 악한 통치권을 행사하고 있는 사탄의 영의 견고한 진지를 무너뜨림으로 다시 통치권을 회복할 수 있는 방법에 대해 자세하게 기술하는 피터 와그너의 책의 서문을 보면, 영적 전쟁을 통한 통치권 회복을 위한 그의 아이디어들이 어디에서 비롯되었는지 짐작할 수 있다. 그는 그 당시 TV뉴스를 통해 미국 군대가 최첨단의 무기들을 동원하여 이라크의 사담 후세인의 군대를 효과적으로 철저하게 물리치는 모습을 보고서 통치권 회복을 위한 영적 전쟁의 전략을 구상한 것으로 보인다.

"걸프 전 때, 사담 후세인Saddam Hussein은 스커드 미사일을 발사하고 난 후 미사일이 어디를 맞추었는지 보려고 CNN 뉴스를 보았다. 그러나 미군과 동맹군들은 굴뚝이나 창문 같은 설정된 목표를 정확하게 타격하는 스마트 폭탄smart bombs으로 싸웠다. 나는 이제 그리스도인들을 스마트 폭탄 기도smart-bomb praying를 시작해야 할 때가 되었다고 생각한다. 이 책은 효과적으로 원수를 공격하여 사로잡혀 있는 무수한 사람들이 놓임 받도록 사탄의 간교함을 폭로하고 기도의 목표를 분명하게 정하기 위해 고안되었다. 나는 하나님께서 효과적인 영적전쟁을 수행하도록 놀라운 새 무기들을 알려 주시어 너무나도 감사하다." C. Peter Wagner, *Breaking Spiritual Strongholds In Your City* (Shippensburg, PA: Destiny Image Books, 2005).

## 1) 영적도해spiritual mapping

마귀에게 빼앗긴 통치권을 되찾음으로 이 땅에 하나님의 나라가 구현된다고 믿은 피터 와그너에게 가장 중요한 것은 지금 현재 통치권을 행사하고 있는 악한 마귀가 지상의 어느 지역에서, 어느 영역에서, 어떤 방식으로 역사하고 있는지를 파악하는 것이었다. 왜냐하면 적을 잘 알아야 전쟁이 수월해지고 이길 수 있기 때문이다. 바로 그 작업을 '영적도해'라고 했다. 어떤 지역의 영적인 지도를 그려낸다는 개념이었다. 훈련된 영적인 분별력을 가진 사람이 그 지역에 대한 영적도해 작업을 통해 그 지역에서 오래 뿌리를 내리고 인간을 죄악으로 압제하며 하나님의 복음을 대적하고 있는 악한 귀신들의 정체를 알 수 있다는 것이다. 영적도해 작업에서 가장 중요한 것은 영적 분별력으로 그 지역을 근거지로 삼고 활동하고 있는 '영토 귀신'territorial spirits의 정체를 드러내는 것이다.

영토 귀신이라는 개념은 1989년 마닐라Manila에서 열린 제 2차 로잔 세계 복음화 대회Lausanne II에서 최초로 등장했다. 당시 초청된 다섯 명의 강사들이 "영토 귀신들"territorial spirits을 주제로 강의하였는데, 그 중에서도 가장 주도적인 역할을 했던 사람이 바로 피터 와그너였다. C. Peter Wagner, *Dominion*, p. 53. 피터 와그너는 그 당시 하나님께서 자신에게 다음과 같이 말했다고 훗날 술회하였다.

> "내가 마닐라에 있는 동안 주께서 나에게 귀에 들리는 음성은 아니었지만 분명히 알아들을 수 있도록 다음과 같이 말씀하셨다: '나는 네가 지역의 영들을 대적하는 분야에서 주도적인 사역을 감당하기 바란다.' 나의 아내 도리스Doris에게 내가 주께로부터 들은 내용을 말하자, 아내는 '우리가 그 사명을 받아들이려면 우리에게는 지금보다 더 많은 개인적인 중보기도personal intercession가 필요할 것입니다.'" C. Peter Wagner, *Confronting The Power*, p. 20.

마닐라Manila에서 제 2차 로잔 세계 복음화 대회가 열린 때는 1989년 이었다. 피터 와그너는 1980년대 초반에 빈야드운동으로 전 세계 교회를 크게 미혹하고 있는 존 윔버와 깊이 교제하기 시작했고, 존 윔버와 자신이 공동강의 형식으로 진행한 목회학 박사과정D.Min의 수업을 통해 빈야드운동의 성령론에 깊이 매료되었고, 이미 기존의 전통적인 신학으로 많이 이탈되어버린 상태였다. 특히 수업 중에 존 윔버가 자신에게 안수기도 할 때, 신사도운동가들이 말하는 임파테이션, 즉 미혹하여 성경적인 신앙에서 벗어나게 만드는 거짓 성령의 기름부음을 받는 특별한 체험이 일어나기도 했다. C. Peter Wagner, *How To Have A Healing Ministry Without Making Your Church Sicks*, p. 50. 피터 와그너 자신이 먼저 거짓 영들에게 속고 미혹되었고, 그 후에 성경적인 복음을 파괴하여 교회들을 하나님의 진리의 말씀으로부터 교묘하게 벗어나게 그의 여러 종류의 이론들과 사상들이 나오기 시작했다는 사실을 우리는 간과하지 않아야 한다. 피터 와그너의 영적도해, 영토귀신 이론도 그 차원에서 이해해야 한다.

'영적도해'-'영토귀신' 개념을 실제 사역에 도입하여 가장 혁혁하고 드라마틱한 업적은 남긴 사람은 피터 와그너의 친구 조지 오티스George Otis. Jr.였다. 그는 악한 영의 통치로 말미암아 불행에서 벗어나지 못하는 지역의 영적인 상황을 분석하여 집중적으로 공격하고 대적하여 피터 와그너의 통치신학의 키워드인 '변혁'transformation을 이루어 내는 것에 관하여 특별한 소신과 열정을 가진 사람이었다. 오티스는 자신이 영적도해라는 용어를 최초로 사용했다면서 다음과 같이 말했다.

> "1990년에 나는 새로운 영적인 인식방법에 관한 용어를 만들었다. 그것은 이 책의 중심 주제인 '영적지도 그리기'spiritual mapping, 영적도해이다. 이러한 새로운 관찰법을 일컫는 용어를 만들어 내었다. 그것은 실제 물리적 세계의 장소와 환경 위에 파악된 영적인 세계의 사건들과 힘들을 표시하는 것이다." C. Peter Wagner, Breaking Spiritual Strongholds In Your City, p. 35.

영적도해란 어떤 지역의 실제 지도를 책상 위에 펴고 그 지역에 실제로 존재하는 사탄과 관련된 시설, 종교유적지, 음란 업소 등의 특정한 상업 시설들이 있는 곳에다 표시하여 그 지역의 영적인 상황을 보여주는 지도를 만드는 작업이다. 아무 곳에나 의미없이 표시하면 의미있는 영적인 지도가 되지 못하므로 이 작업을 하는 사람은 영적인 통찰력을 가진 사람이어야 한다. 오티스는 다음과 같이 말했다.

> "여기서 중요한 전제는 영적도해 작업을 수행하는 사람이 보이지 않는 영적 세계에 대한 탁월한 분석력을 가지고 있는 사람이어야 한다는 것이다." 앞의 글, p. 36.

피터 와그너의 친구이고, 중보기도를 통해 영적전쟁을 탁월하게 이끈다고 알려진 신사도운동의 여성 사도 신디 제이콥스Cindy Jacobs도 영적도해를 강조하였다. 그녀는 영적도해에 대하여 다음과 같이 말했다.

> "정학하게 말해서 영적도해란 무엇일까? 나는 복음의 확산과 도시의 복음화를 훼방하는 사탄이 만들어서 사용하는 수단을 찾아내는 위해 도시를 조사하는 작업이라고 생각한다. 조지 오티스는 우리에게 영적도해가 도시의 실상을 사실대로 보여준다고 말한다." 앞의 글, p. 77.

또 다른 영적도해의 전문가인 쉘 쇠버그Kjell Sjoberg도 영적도해 작업을 진행할 때 다음과 같은 요소를 중시해야 한다고 하였다. 앞의 글, pp. 106-110.

1) 그 나라의 주신은 어떤 것들인가?

2) 어떤 우상과 관련된 제단, 산당이 있는가?

3) 왕이나 대통령 같은 지도자들이 하나님의 영광을 가로채는 일이 일어나고 있는가?

4) 땅을 더럽히는 피 흘림이 있었는가?

5) 그 나라의 기초가 어떻게 놓여지게 되었는가?

6) 하나님의 사자들이 어떻게 대접을 받았는가?

7) 권력자들이 쿠데타 등의 성공을 위해 우상과 계약을 맺었거나 제물을 바친 일이 있는가?

영적도해 전문가들의 말을 종합해보면, 영적도해란 눈에 보이는 물리적 세계의 이면에 존재하는 영적인 세계를 눈에 보이는 물리적 세계를 그린 지도 위에다 표시하는 것이다. 특히 영적인 세계를 지배하는 악한 영들의 성향과 성격을 파악하여 그 특징을 따라 지도를 그리는 것이다. 영적도해 작업이 성공적으로 이루어지면 그 지역에서 어떤 성향의 영토 귀신들이 견고한 진을 형성하고 있는지 드러나게 되는 것이다. 이것이 영적도해 전문가들의 이론이다. 이 방식으로 정체가 파악된 악한 영들로부터 다시 아담이 잃어버린 통치권을 되 찾아내는 것이 피터 와그너의 통치신학 사상이다. 그러므로 영적도해는 피터 와그너의 도미니언 운동의 매우 중요한 부분이다.

오티스를 비롯한 신사도운동가들의 영적도해와 영토귀신 사상이 반영되어 가장 그럴싸한 모습으로 나타난 작품은 '변혁'transformation이라는 제목의 중보기도와 영적전쟁에 관한 비디오이다. 오티스는 자신의 영적 도해, 영토귀신 이론과 실제로 적용하여 통치권 회복과 함께 그 지역이 하나님의 나라로 변화될 수 있다는 것을 보여주기 위해 비디오를 제작하였다. 오티스가 만든 이 비디오는 2,000년대 초반, 아직 신사도운동의 정체가 드러나기 전에 여러 교회들과 목회자들에게 큰 관심을 받았다. 이 비디오를 시청하고 감동받은 목회자들에 의해 중보기도 사역에 대한 관심이 증대되었고, 거의 대부분의 교회에 중보기도팀이 조직되기 시작했다. 이 비디오를 보는 사람들마다 행복과 부흥을 방해하는 그 지역의 악한 영의 정체를 파악한 후 중보기도 사역으로 결박하고 물리치면 정말 부흥과 행복이 실제로 임한다는 오티스와 피터 와그너 등의 이론을 믿지 않을 수 없었다.

　　오티스가 제작한 비디오들 가운데 남미 과테말라의 알모롱가Almolonga, Guatemala를 소재로 만들어진 것의 비디오를 시청했다. 알모롱가는 매우 가난한 지역이었고, 사람들은 너무도 불행한 처지에서 살고 있었다고 한다. 그런데 중보기도자들이 영적도해를 통해 지역을 지배하는 악한 귀신들을 물리쳐서 완전히 상황을 변혁시켰다는 내용이다. 다음은 이 비디오가 전하는 이야기를 요약한 내용이다. https://www.youtube.com/watch?v=c6Wj0miIthc

　1)알모롱가는 가난하고, 거리에는 술주정뱅이들로 가득했고, 감옥이 4개나 있었는데 범죄자들이 너무 많아 더 많은 감옥이 필요한 상황이었다. 우상숭배와 각종의 사이비 종교들이 넘쳤고, 가정 폭력이

만연했다.

2)사람들은 불행한 상황에서 벗어나기 위해 여러 종류의 신들에게 부탁하고 의지하고 있었다. 특히 '마시 몬'이라는 사악한 신을 더 많이 믿고 의지하였다. 마시 몬을 중심으로 악한 영들이 지역을 지배하는 견고한 진을 형성하고 있으므로 말미암아 이 지역은 더욱 더 불행할 수밖에 없었다.

3)영적 전쟁을 준비하는 마리아노 목사가 있었는데, 사탄은 어느 날 그에게 6명의 깡패들을 보내어 죽이려고 권총으로 위협했다. 실제로 권총의 방아쇠가 당겨졌으나 하나님이 기적적으로 총알이 발사되지 않게 막으셨다. 죽을 고비를 넘긴 그는 교인들을 모아 중보기도를 시작하였다. 지역의 가난, 폭력, 미신 등으로 지배하는 악한 영의 지배력이 붕괴되기를 위해 철야하고 금식하면서 중보기도에 힘썼다.

4)서서히 변혁이 일어나기 시작했다. 교회에 출석하는 사람들이 조금씩 늘어났고, 하나님의 표적과 기적들이 나타나면서 교회의 부흥이 시작되었다. 성령의 예언, 축사, 치유의 이적들이 더 많이 일어났고, 그 때문에 더 많은 사람들이 교회로 왔다.

5)성령의 부흥의 영향은 단지 교회에만 국한되지 않았다. 지역 전체가

복음적인 분위기로 변했고, 거리의 상호들도 기독교적인 명칭으로 변하였다. 이전에는 술집의 수가 36개였는데, 부흥이 일어난 후 3개로 줄었다. 사람들의 대화의 주제가 기독교적인 내용으로 바뀌었고, 술 취함, 가정 폭력, 범죄가 현저하게 줄었다. 이전에 4개였던 감옥이 1개로 줄었고, 그것도 더 이상 필요하지 않게 되어 얼마 후 문을 닫고 박물관으로 개조되었다.

6)그 지역의 농산물의 소출에서도 큰 변화가 일어났다. 사람들이 하나님께로 돌아오자 하나님이 복을 주시어 땅이 기름지게 변했다. 최상급의 채소들을 풍성하게 수확하게 되어 소출이 증대되었다. 사람들의 삶은 더 윤택해졌고 행복해졌고, 우상숭배와 가난은 떠났고, 반대로 교회의 예배는 더 부흥하게 되었다. 이 지역을 지배하는 악한 영의 정체를 파악하고, 그것을 중심으로 형성된 지배력을 중보기도로 물리쳤으므로 이러한 일이 일어났다.

이와 같은 메시지를 효과적으로 전달하기 위해 전문적인 기술이 동원되어 만들어진 비디오를 보면, 누구나 흥분되지 않을 수가 없다. 그러나 부흥을 방해하는 귀신의 정체를 먼저 파악한 후 중보기도 사역으로 그 세력을 물리치면 성령의 부흥을 맛보게 된다는 것은 성경이 가르치는 내용일까? 아주 중요하고 근본적인 사실을 놓치고 있는 것은 아닌가? 부흥을 위하여 그 지역의 영적인 상황을 분석하는 영적인 지도를 먼저 만들라는 피터 와그너 등의 이론은 성경에서 전혀 근거를 찾을 수 없는 가르침이다.

성경은 어느 지역에서 교회를 개척하거나, 선교사가 선교지에서 선교 사역을 시작할 때에 그 지역을 장악하고 있는 영토 귀신들의 분포상황을 분석하기 위한 작업을 해야 한다고 가르치지 않는다. 그 지역의 실제 지도를 먼저 만들고, 그 지역에서 지배력을 행사하고 있는 악한 영들의 근거지들을 표시하면서 마치 현대의 군인들이 적의 중요한 시설들을 향하여 대포와 미사일을 쏘듯이 특별하게 대적하고 파괴하는 중보기도를 먼저 시행하라고 가르치는 내용은 성경 어디에도 없다.

그러면 영적도해 전문가 오티스가 자신의 사역을 홍보하기 위해 만든 비디오에서 말하는 이야기는 어떻게 된 것일까? 모두 거짓말일까? 사탄에게도 나름대로의 능력이 있으므로 더 많은 사람들을 미혹시키려고 적당한 실제 기적을 베풀어서 속이는 것일 수도 있을 것이다. 그러한 의심을 해보는 것은 필요한 일이다. 중요한 사실은 성경은 그런 방식으로 전도와 부흥이 일어난다고 가르치지 않는다는 것이다. 사탄은 금식하시는 예수님을 미혹하려고 할 때 자기에게 절하면 천하만국의 영광을 주겠다고 하였다. 그랬던 마귀가 복음을 왜곡시키기 위해 거짓 복음의 미끼가 되어야 할 어떤 곳에다 그러한 속임수를 베풀지 못한다고 아무도 장담할 수 없다.

사도행전 19장에 나타나는 바울 사도의 에베소 교회 개척의 사례를 보면 당시 에베소에는 고대세계의 7대 불가사의 중 하나인 아데미 신을 섬기는 거대한 신전이 있었다. 인근 각처에서 수많은 사람들이 이 신전에 찾아왔고, 그 때문에 신전을 중심으로 숙박 시설들, 식당들, 우상 판

매 업소들이 모여 거대한 상권을 형성하고 있었다. 사도 바울이 복음을 전하여 훗날 큰 부흥이 일어나자 사람들이 이 신전을 찾지 않게 되었고, 신전 주변의 가게들의 영업이 현저하게 어려워지고 말았다. 그러면 그 정도의 큰 부흥을 일으키기 위해 바울이 시도한 전략은 무엇이었는가 하면 바로 이 신전을 중심으로 형성된 사람들의 결속이었다. 바울은 먼저 영적도해를 통하여 지배하는 악한 영의 특성을 파악하고, 그 다음부터 그 영을 제압하고 물리치는 기도하기를 위해 힘을 쓴 것이 아니다.

> "어떤 사람들은 마음이 굳어 순종치 않고 무리 앞에서 이 도를 비방하거늘 바울이 그들을 떠나 제자들을 따로 세우고 두란노 서원에서 날마다 강론하니라"행 19:9.

바울이 에베소에 복음을 전하고 교회를 세우기 위해 가장 중시하고 힘썼던 일은 말씀을 가르치는 것이었다. 우상 신전을 중심으로 견고한 진을 형성하고서 지배력을 행사하고 있는 악한 영들에 대한 특별한 관심을 가지고 있었다는 흔적은 보이지 않는다. 바울은 오직 진리의 말씀을 증거하고 전파하는데 온 힘을 다했을 뿐이다. 2년 넘도록 바울은 말씀의 씨를 뿌리기 위해 힘을 다했다. 그런데 특별하게 의도하지 않았음에도 하나님이 바울을 통하여 사람들에게 예수 그리스도가 하나님이심을 선포하는 특별한 이적들을 일으키시기 시작했다. 그때부터 더욱 더 빠르게 복음이 전파되어 이전과 달리 우상 신전이 한산하여 질 정도로 많은 사람들이 예수님을 믿고 변화된 삶을 살게 되었다.

"이와 같이 주의 말씀이 힘이 있어 흥왕하여 세력을 얻으니라"행 19:20.

바울 사도가 거대한 아데미 신전이 있는 에베소에서 성공적으로 교회를 개척하여 성령의 부흥을 경험할 수 있었던 비결은 오직 하나님의 말씀과 성령의 역사하심이었다. 하나님의 말씀을 에베소의 사람들에게 지혜롭게, 겸손하게 증거하였을 뿐이다. 우리는 바울처럼 하나님의 말씀을 온전히 증거하는 그 자체가 큰 힘을 가진 영적전투임을 깨달아야 한다. 말씀을 전파하면 성령이 역사하시므로 말씀전파가 곧 능력인 것이다. 그런데 피터 와그너의 영적도해를 통한 지역귀신들 결박 이론은 교묘하게 예수 그리스도의 복음의 핵심을 가려버린다. 복음전파에 능력이 있지 않고 귀신의 진지를 찾아서 대적해야만 복음이 들어가는 길이 열리는 것처럼 오도한다. 그리고 귀신을 대적하는 무슨 특별한 비방이 있는 것처럼 오해하게 한다. 악한 영을 대적하는 최고의 방법은 성령을 의지하여 말씀을 전파하고 기도하는 것뿐인데, 자신들에게는 다른 특별한 비방이 있는 것처럼 착각하고 있다. 그들이 말하는 지역을 지배하는 영토귀신 개념도 우리는 인정할 수 없다. 실제로 어떤 지역에서 더 많이 활동하는 악한 영이 있을 수도 있을 것이다. 그러나 성경은 그것에게 특별한 관심을 기울이라고 가르치지 않는다. 왜냐하면 하나님 앞에서 우상이나 귀신은 아무것도 아니기 때문이다. 그것들은 하나님이 지으신 피조물에 불과하고, 언제나 하나님은 모든 피조 세계를 다스리고 그 운명을 결정하는 통치권을 가지신 분이다.

우리가 피터 와그너 등에게 꾸짖어야 할 내용은 어떤 지역에서 역사할 수도 있는 악한 영들의 실재성을 인정하지 말라는 것이 아니라, 기독교 신앙을 오직 하나님 한 분을 중심으로 이해하고 실천하지 않는다는 것이다. 우상과 귀신은 실재하고 있고, 나름대로의 힘을 발휘하면서 인간을 괴롭히고 훼방하고 있다는 것도 사실이다. 그러나 우리가 복음의 은혜를 입어 성령의 다스림을 받고, 온 우주를 다스리는 하나님의 자녀가 되는 순간부터 우리를 지배하고 다스리는 분은 오직 하나님 한 분뿐이다. 이 사실을 바르게 이해하지 못하면, 신앙에 심각한 왜곡이 발생하게 된다. 피터 와그너처럼 인류의 역사를 하나님과 마귀가 대립하는 무대로 이해하게 되고, 예수 그리스도를 마귀를 물리치고 인간을 행복하게 만드는 영적인 장수로 이해하게 된다. 그러면 우리는 대장 예수 그리스도의 부하가 되어 마귀의 졸개 귀신들과 싸우는 신자들이 되는 것이다. 한국의 거의 모든 교단들이 이단으로 규정한 베뢰아 사상이 기독교 신앙을 이렇게 이해하고 있다.

고린도에도 큰 신전이 있었고 그 지역의 문화와 경제와 정치와 사람들의 일상의 삶은 그 신전의 영향을 깊이 받고 있었다. 사람들의 식탁에 오르는 고기반찬도 우상을 섬기는 신전의 제의와 관련되어 있었다. 먼저 신전에서 우상에게 제사하기 위해 도축된 짐승의 고기가 시장으로 나와 일반인들에게 공급되었기 때문이다. 성도들 사이에 우상에게 제사하기 위해 도축된 고기를 먹을 수 있는가에 대한 논쟁이 일어났다. 바울은 우상과 우상에게 바쳐진 고기를 먹는 것에 대해 다음과 같이 결론 내렸다.

"그러므로 우상의 제물 먹는 일에 대하여는 우리가 우상은 세상에 아무 것도 아니며 또한 하나님은 한분 밖에 없는 줄 아노라. 비록 하늘에나 땅에나 신이라 칭하는 자가 있어 많은 신과 많은 주가 있으나 그러나 우리에게는 한 하나님 곧 아버지가 계시니 만물이 그에게서 났고 우리도 그를 위하여 있고 또한 한 주 예수 그리스도께서 계시니 만물이 그로 말미암고 우리도 그로 말미암아 있느니라"고전 8:4-6.

우상과 귀신의 존재는 인정되지만 창조주 하나님을 경외하는 신앙 앞에서 그들의 존재는 무시된다는 것이다. 불신자들은 그들을 의식하고 얽매이는 삶을 살지만, 신자는 하나님을 믿는 신앙 안에서 무시하고 초월할 수 있어야 한다는 뜻이다. 마귀의 참소로 인하여 산업과 자녀들과 건강을 잃고 크게 낙심하였던 욥의 기사를 보더라도 영토귀신들을 의식하고 특별하게 대적하는 기도를 해야 불행과 고통을 해결할 수 있다는 피터 와그너의 가르침은 기독교 안에서 설 자리가 없어 보인다. 사탄은 욥에게 심각한 불행과 재난을 주었지만 그 어느 것 하나도 자기 마음대로 하지 못하였다.

"여호와께서 사단에게 이르시되 내가 그의 소유물을 다 네 손에 붙이노라 오직 그의 몸에는 네 손을 대지 말지니라 사단이 곧 여호와 앞에서 물러가니라"욥 1:12.

"여호와께서 사탄에게 이르시되 내가 그의 소유물을 다 네 손에 맡기노라 다만 그의 몸에는 손을 대지 말지니라 사탄이 곧 여호와 앞에서 물러가니라"욥 1:12.

욥기는 하나님께서 역사를 이끌어 가시는 과정에서 사탄도 쓰여지는 하나님의 도구가 되고 있음을 보여준다. 마귀는 하나님을 사랑하는 신실한 욥을 괴롭히고자 했으나 하나님의 허락 없이는 아무것도 할 수 없었다. 가룟 유다가 예수님을 배반하는 장면에서도 이 사실이 분명하게 나타났다. 돈에 대한 탐욕과 사탄의 충동으로 인하여 유다가 자신을 배반하여 유대지도자들에게 팔 것임을 예수께서는 다 아시고 계셨다. 그러나 유다가 사탄의 충동을 받아 실제로 그리 행하도록 허락하시는 분은 예수 그리스도 그분이었다.

> "예수께서 대답하시되 내가 한 조각을 찍어다가 주는 자가 그니라 하시고 곧 한 조각을 찍어다가 가룟 시몬의 아들 유다를 주시니 조각을 받은 후 곧 사단이 그 속에 들어간지라 이에 예수께서 유다에게 이르시되 네 하는 일을 속히 하라 하시니"요 13:26,27.

우리의 구원을 위해 사탄이 원하는 일이 이루어지도록 예수께서 최종적인 결정을 내리셨다. 예수 그리스도를 죽이려는 사탄의 모략이 성공하는 듯 했으나 3일 후에 전혀 자신이 의도하지 않았던 일이 일어났다. 사탄은 자신이 하나님의 위대한 구원 드라마를 만들어 내는데 소용되는 도구가 되고 말았다는 것을 나중에 깨달았다. 자신의 모략으로 십자가에 매 달았던 피 흘리며 죽게 한 예수 그리스도가 얼마 후 자신을 영원한 불못에 던지는 땅과 하늘의 왕이 되어 하나님 우편에 앉으시는 것을 보고 기겁하며 떨어야 했다. 그래서 사도 바울은 하나님의 지혜와 통치하심을 이렇게 찬송하였다.

"깊도다 하나님의 지혜와 지식의 부요함이여 그의 판단은 측량치 못할 것이며 그의 길은 찾지 못할 것이로다"롬 11:33.

"이는 만물이 주에게서 나오고 주로 말미암고 주에게로 돌아감이라 영광이 그에게 세세에 있으리로다 아멘"롬 11:36.

영적도해를 통하여 영토귀신들의 정체를 분석하여 중보기도로 집중 타격 함으로 하나님의 나라를 회복할 수 있다는 피터 와그너의 가르침 은 이와 같은 성경의 가르침을 변질시키는 그릇된 이론이다.


## 2) 영적전투의 전략

피터 와그너는 영적도해를 통하여 파악된 지역의 영토귀신들을 물리 치고 통치권을 되찾기 위해서는 '전략적인 영적전투'Strategic-level spiritual warfare에 돌입해야 한다고 했다. 지역의 영들이 행사하는 통치권을 되찾 는 싸움의 과정에서 수행되는 세 가지 차원의 영적 전투가 있다고 하였 다. C. Peter Wagner,*Confronting The Power*, pp. 21-2.

첫째는 국지적 차원의 영적전투Ground-level spiritual warfare이다. 이는 한 개인에게서 귀신을 좇아내는 영적싸움을 의미한다. 이 차원의 영적전쟁 은 이미 여러 교회들에게서 이루어지고 있으며, 특히 오순절 교회들 속에서 활발하게 수행되고 있는 영적전쟁이다.

둘째는 주술적 차원의 영적전투Occult-level spiritual warfare이다. 이는 사탄숭배, 뉴에이지, 샤머니즘, 점성술 등의 주술적 종교들을 물리치기 위한 영적싸움을 의미한다.

셋째는 전략적 차원의 영적전투이다. 이는 바울 사도가 에베소서 6:12절에서 말한 '정사와 권세'와 같이 어떤 지역, 도시, 국가를 지배하는 영들을 상대로 시작하는 영적전투를 의미한다. 그는 도시와 일정 지역을 지배하는 귀신들을 물리치기 위한 전략적 차원의 영적전투를 효과적으로 수행하기 위해 피터 와그너는 다음과 같은 더욱 구체적인 방법들을 주장했다.


(1) 정밀 기도폭탄

피터 와그너는 개인을 위해 기도할 때에도 정확하고 구체적인 내용으로 기도하는 것이 효과적인 것처럼, 지역의 통치권 회복을 위해 기도할 때에도 지역의 영적인 상황에 관하여 정확하고 구체적인 내용으로 기도해야 더 효과가 있다고 가르쳤다. 통치권 회복을 위한 전투를 수행하기 위해 먼저 그 지역에 대한 영적도해가 정확하게 선행되어야 한다. 그 외에도 그 지역을 지배하는 영토귀신들의 정체를 더 정확하게 알기 위해 하나님이 주시는 예언을 들어야 한다고도 했다.

"우리는 주님으로부터 예언을 받아야 한다. 우리는 우리가 하나님께 말씀드리고, 그리고 하나님이 우리에게 음성을 들려주시는 기도의 이 두 가지 기능의 이론과 실천을 모두 구비해야 한다." 앞의 글, p. 30.

이와 같이 피터 와그너는 귀신들의 진지를 향한 정확한 기도의 폭격이 이루어지기 위해서 하나님이 주시는 예언을 통하여 정보를 얻어야한다고 했다. 그러나 성령의 은사들 가운데 이러한 용도로 쓰여지도록 주신 성령의 은사를 성경에 없다. 기독교에는 언제나 두 종류의 예언만 있다. 하나는 하나님이 구약의 선지자들과 신약의 사도들을 통해 주신 성경 66권의 예언이다. 이 예언은 이미 완성되었고, 이제는 이런 예언을 받는 선지자, 사도도 존재하지 않는다. 또 한 종유의 예언은 이미 주어진 성경 66권의 예언을 교회에 가르치고 설명하는 예언이다. 코르넬리스 프롱크, 「예수 그리스도 외에 다른 터는 없네」 (임정민 역), 103쪽. 이 예언은 성경의 기록된 내용만 교회에 적용하고 설명할 뿐이다. 하나님으로부터 직통으로 오는 정보를 얻는 길은 없으며, 이제는 하나님이 직접 예언을 주시지도 않는다. 이것이 예언의 은사에 대한 정통 교회의 신학이다. 어느 지역에 주로 어떤 종류의 귀신들이 모여서 장난하고 있는지에 대해 하나님이 주시는 예언을 받아야한다는 피터 와그너의 가르침은 신사도운동에 빠지면 교회가 무속화되어 버린다는 것을 충분하게 실감하게 만든다.

하나님의 음성을 듣는 은사를 받은 사람의 도움을 받아 어디에 어떤 영들이 포진하고 있는지 확인하고 나면 그 다음에는 무엇을 해야 할까? 바로 그곳을 향하여 대적하는 기도를 조준해야 한다. 피터 와그너는 정확하게 조준된 기도의 중요성을 오래 전 미군과 사담 후세인의 이라크 군대의 전쟁의 양상을 통해 설명했다. 후세인은 정확도가 스커드 미사일을 발사하고 나서 CNN 방송을 통해 미사일들이 어디에 떨어졌는지 확인했다고 한다. 그러나 미국은 정확하게 조준한 대로 날아가서 마치 외과의사가 초정밀 수술을 감행하듯이 정확하게 이라크의 전략적 목표물들을 파괴하는 '스마트 폭탄'smart bomb을 사용했다. 그러므로 이라크 군이 미군을 상대할 수가 없었다는 것이다.

피터 와그너는 미군이 스마트 폭탄으로 정확하게 적의 중요시설을 폭격했던 것처럼, 어떤 지역에서 악한 통치권을 행사하는 악한 영들을 제압하기 위해서 같은 방식을 사용해야 한다고 주장했다. 그것은 바로 정밀 기도폭탄Smart Bomb Prayer이다. 기도에 대한 피터 와그너의 이론은 너무나도 황당하고 어이없다. 특수한 군인들이 유도 미사일을 목표물로 날아가도록 조준하여 파괴하듯이 하나님을 악한 영들이 있는 곳으로 유도하여 싸우게 하신다는 것이나 마찬가지이다. 하나님이 바로라면 모를까 왜 그리해야 하는 것일까? 하나님은 멀리서도 이미 우리의 생각과 마음을 아시는 분이다. 자신이 지으신 피조세계에 대하여 모든 것을 아시는 전지하신 분이다. 성경은 오직 믿음으로 기도하라고 하지 단 한 번도 피터 와그너 방식으로 하나님께 "어디에서 진을 치고서 어떤 일을 벌이고 있는 어떤 영들을 결박하여 주십시오!"라고 기도하라고 하지 않았다.

오직 믿음으로 기도하라는 중요한 원리를 제쳐두고서 대적해야 할 영의 정체를 정확하게 분석하고 꼬집어서 기도하라는 것은 너무나도 우습고 비성경적이다. 응답받는 기도가 되기 위해서 우리가 기도의 테크닉을

개발해야 하는 것과 같다. 무속인들이 "~는 물러가라!"라고 하는 것 같다. 그런데 기도를 변질시키는 이러한 사상이 이미 널리 퍼지고 있다. 이와 유사한 내용을 온누리 교회의 손기철 장로의 쓴 책에서도 발견했다. 그는 치유의 은사만으로 환자를 치유하려고 시도했을 때에 능력이 나타나지 않으나 영분별의 은사가 함께 동원되면 더욱 능력이 나타난다고 하였다. 악한 영의 정체와 이름을 정확하게 드러내면서 명령하면 더욱 효과가 있다고 강조하면서 이렇게 말했다.

> "예를 들면 어떤 사람이 우울의 영에 붙들려 있을 때는 아무리 '예수의 이름으로 슬픔의 영 나와!' 하고 말해도 나오지 않습니다. 그런데 성령님께서 그것이 우울의 영임을 알려주시면서 '예수의 이름으로 우울의 영 나와!' 하고 선포했을 때, 그 악한 영이 바로 튀어 나가게 됩니다. 그만큼 치유 사역에서 영분별의 은사는 매우 중요합니다." 손기철, 「고맙습니다 성령님」, 165-66쪽.

이러 내용은 기도를 우상종교의 주문의 수준으로 격하시킨다. 이방종교인들에게 병을 잘 고쳐주는 부적이나 주문, 재앙을 물리치는 부족이나 주문이 있는 것처럼, 마치 기독교의 기도에도 그런 것이 있는 것 같은 오해를 일으키게 될 것이다.

## (2) 동일시 회개

"하나님이여 주의 인자를 좇아 나를 긍휼히 여기시며 주의 많은 자비를 좇아 내 죄과를 도말하소서 나의 죄악을 말갛게 씻기시며 나의 죄를 깨끗이 제하소서"시 51:1,2.

우리야의 아내 밧세바와 함께 간음의 죄를 범한 다윗이 나단 선지자의 책망을 듣고서 깨닫고 이와 같이 깊이 회개하자 하나님께서는 많은 고난으로 책망하셨으나 그의 회개를 보시고 그가 여전히 왕위를 지킬 수 있게 하셨다. 회개는 범죄한 인간이 다시 회복되기 위해 반드시 하나님께 드려야 할 중요한 일이다.

"내가 이곳과 그 거민에게 대하여 빈 터가 되고 저주가 되리라 한말을 네가 듣고 마음이 연하여 여호와 앞 곧 내 앞에서 겸비하여 옷을 찢고 통곡하였으므로 나도 네 말을 들었노라 여호와가 말하였느니라"왕하 22:19.

요시야 왕은 성전을 수리하던 중 우연히 율법책을 발견하였다. 그 내용을 읽고 유대의 상황이 하나님의 큰 진노아래 놓여 있음을 발견한 요시야 왕은 백성들에게 하나님의 말씀을 속히 전파하여 회개하게 하였다. 요시야 왕과 백성들이 겸손하게 회개하는 모습을 보시고 하나님께서 예비하신 저주와 재앙을 내리시지 않으시겠다고 약속하였다. 이와 같이 영적인 회복을 위해서는 회개의 중요성을 아무리 강조해도 지나치지 않을 것이다.

피터 와그너도 도시와 공동체를 회복시키기 위한 중보기도에는 항상 회개가 있어야 한다고 강조했다. 그러나 피터 와그너가 회개를 강조하는 데에는 한 가지 문제가 있었다. 어떤 지역을 지배하는 귀신들을 물리치기 위해서 그 귀신들이 그 지역을 장악하고 횡포를 부릴 수 있는 근거가 되는 이전의 죄를 대신 회개하여야 한다고 주장했다. 중보기도자들이 그 도시의 회복을 위해 기도할 때 그곳에서 이미 행하여진 죄악에 대해 중보기도자들 자신이 그 죄를 범한 것처럼 동일시하면서 회개하라고 가르쳤다. 중보기도자들의 대리회개를 통하여 그 지역의 사회적, 영적 질병의 증상과 원인을 치료할 수 있고, 그 방법으로 도시를 악하게 지배하는 영토귀신들로부터 해방시킬 수 있다고 가르쳤다.

> "우리가 동일시 회개identification repentance라고 부르는 방법의 기도를 통하여 우리의 국가의 죄를 고백함으로 그 죄들이 예수 그리스도가 십자가에서 흘리신 피로 사하여지고, 그것을 통해 역사하는 사탄의 견고한 진이 무너질 수 있다." C. Peter Wagner, *Confronting The Power*, p. 260.

피터 와그너의 주장이 사실이라면 이 얼마나 편하고 좋은 방법인가? 죄를 지은 아버지를 위해 아들이 대신 회개하고, 친구가 지은 죄를 내가 대신 회개하여 하나님의 용서를 받을 수 있다면 정말 좋겠다. 그러나 성경은 동일시 회개 사상을 지지하지 않는다.

> "여호와의 말씀이 또 내게 임하여 가라사대 너희가 이스라엘 땅에 대

한 속담에 이르기를 아비가 신 포도주를 먹었으므로 아들의 이가 시다고 함은 어찜이뇨. 나 주 여호와가 말하노라 내가 나의 삶을 두고 맹세하노니 너희가 이스라엘 가운데서 다시는 이 속담을 쓰지 못하게 되리라. 모든 영혼이 다 내게 속한지라 아비의 영혼이 내게 속함 같이 아들의 영혼도 내게 속하였나니 범죄하는 그 영혼이 죽으리라"겔 18:1-4.

이 말씀은 하나님께서 바벨론의 포로된 유다인들이 아버지의 세대의 죄로 인하여 자신들이 불행하다고 하나님을 원망하자 하나님께서는 모두의 영혼을 공의롭게 다루신다고 말씀하신 내용이다. 이 말씀을 보면 중보기도자가 어떤 지역에서 행해졌던 이전의 죄를 범한 사람들에 대한 동질감을 가지고 회개하여 하나님의 진노를 풀어드리고 악한 마귀가 떠나게 한다는 사상은 설 자리가 없다.

"아비는 그 자식들을 인하여 죽임을 당치 않을 것이요 자식들은 그 아비를 인하여 죽임을 당치 않을 것이라 각 사람은 가기 죄에 죽임을 당할 것이니라"신 24:16.

신명기에 나타난 구약의 율법에도 아버지의 죄로 인하여 자식이 억울하게 고생을 하거나 반대로 자식의 죄로 인하여 아비가 억울한 고생을 하는 일이 없도록 되어 있다. 이는 모든 사람은 오직 자기의 죄에 대하여서만 책임이 있다는 것이다. 우리 자신의 죄에 대해서 다른 사람이 우리에게 깨닫고 회개하는 마음을 주시라고 기도할 수는 있겠으나, 다른 사람이 나의 죄에 대해 자신을 동일시하여 대신 회개한다는 것은 있을 수 없다.


### (3) 사도적 선포


피터 와그너는 악한 통치권을 행사하고 있는 영토귀신들의 진지를 파괴하여 하나님께로 회복시키기 위한 전략적인 차원의 영적 전투를 수행할 때에는 일반적인 간구기도보다 선포기도가 더욱 효과적이라고 가르쳤다. 그는 간구기도란 무엇인가가 이루어지도록 하나님께 구하는 것이고, 선포기도는 하나님이 뜻하시는 일이 이루어지도록 하나님의 권세로서 선포하는 기도라고 했다. C. Peter Wagner, *Dominion*, p. 134. 간구기도와 선포기도가 모두 성경적이지만 도시를 사탄에게서 탈환하는 영적인 전쟁에서는 선포기도가 더욱 효과 있다고 주장했다.

피터 와그너의 주장은 선포기도가 간구기도보다 더욱 놀라운 성령의 능력을 드러낸다는 자신의 주장을 위해 러시아 우씬크Ussink, Russia와 미국의 인디안 원주민들의 거주하는 '스탠딩 락 식소스 보호구역'Standing Rock Sixous Reservation에서 벌어진 실제 사례를 예로 들었다. 러시아의 우씬크에는 레닌의 동상이 있었고, 하늘 황후로 불리우는 신이 거처하고 있다고 여겨지는 산도 인근에 있다. 중보기도자들은 그곳의 영들을 상대로 전략적 차원의 영적 전투를 수행하며 기도의 형태를 바꾸었다고 한다. 그 도시의 회복을 간구하는 기도에서 그 도시를 향한 하나님의 뜻을 선포하는 기도로 바꾸었다. 머지않아 도시의 경제가 회복되었고, 출생률이 사망률을 능가하기 시작했으며, 실업율이 떨어졌다. 앞의 글, p. 133. 피터 와그너는 이러한 결과가 선포기도를 했기 때문에 나타났다고 주장했다.

1990년대 말 스탠딩 락 인디언 보호구역에는 많은 사람들이 자살하였다. 인근의 여러 지역의 각 교파의 목사들이 그 문제를 해결하기 위해 간구하였지만, 주민들의 자살은 계속 증가하였다. 어떤 때에는 두 달 동안 약 60명이 자살하였다. 주민들은 이 문제를 해결하기 위해 땅에 대해 권세를 행사하는 능력자로 소문과 명성이 자자한 제이 스월로우Jay Swallow 목사를 초청하였다. 제이 목사는 그곳에 도착하여 면밀하게 살펴본 후에 지역의 주민들에게 자신이 무엇을 하든지 협력할 것은 부탁하였다. 그리고 그곳에 불행을 가지고 오는 악한 영들이 떠날 것을 명령하는 선포기도를 시행하였다. 2001년 12월 27일, 그는 자살이 사라지도록 권위있는 사도적인 명령을 선포하였는데, 이후 삼년이 지나도록 단 한 건의 자살사건도 일어나지 않았다고 한다. 앞의 글, p. 136.

피터 와그너는 자신이 선포기도의 체험도 소개하였다. 그는 광우병이 세계적으로 유행할 때에 독일에서 집회를 인도하고 있었는데, 광우병이 떠나기를 위해 사도적인 선포를 시행하라는 하나님의 음성을 들었다고 한다. 그는 즉시 광우병이 떠나기를 위해 선포기도를 하였고, 후에 바로 그날부터 광우병이 확산되지 않고 사라지기 시작했다는 보고를 확인했다고 한다. 앞의 글, p. 134.

여기서 우리는 중요한 사실 하나를 발견해야 한다. 선포기도는 자신을 하나님이 세운 사도라고 믿는 신사도운동의 거짓 사도들의 주술적이고 변질된 기도라는 사실이다. 거짓 사도들은 하나님이 자신들에게 특별한 권세를 주셨다고 믿고 있으므로 하나님의 자리에서 하나님처럼 선포하는 행위를 하는 것이다. 물론 사탄이 더 많은 미혹을 위해 그들의 교만하고 어리석은 행위에 반응을 보이는 것이다. 스탠딩 락 인디언 보호구역을 변화시킨 선포기도를 했다는 제이 스월로우라는 사람은 신사도운동의 거짓 사도이다. 피터 와그너는 그를 '내 친구인 사도 제이 스월로우'라고 하였다. 앞의 글, p. 135. 그리고 선포하는 기도로써 유럽의 광우병을 종식시켰다고 말하는 피터 와그너는 가장 대표적인 거짓 사도이다. 그는 지난 2,000년에 전 세계의 거짓 사도들을 다 불러 모아 "국제사도연맹"The International Coalition of Apostles, ICA을 조직한 가장 대표적인 신사도운동의 대표적인 사도이다. "국제사도연맹"(ICA)의 홈페이지(http://www.coalitionofapostles.com/about-ica/).

선포기도가 도시를 변화시키고 지역을 지배하는 사탄의 권세를 물리쳤다는 이야기는 그럴싸해도 자칭 사도들의 영웅담일 뿐이다. 과연 그러한 일들이 일어났는가를 확인할 수 있는 객관적인 자료도 없다. 실제로 그곳에서 그들이 말하는 것처럼 어떤 그럴싸한 변화가 일어났을지라도 선포기도가 성경적이고 하나님이 기뻐하시는 방법이라는 증거는 전혀 아니다. 선포기도는 인간이 하나님의 자라에서 하나님 흉내를 내는 것이므로 어떠한 경우에도 있을 수 없다. 이런 것을 따라한다는 것은 참 우습고 어리석은 일이다.

피터 와그너의 이와 같은 가르침이 많은 사람들에게 악 영향을 미쳤다. 대표적인 사례는 온누리 교회의 손기철 장로이다. 그는 자신의 책 「고맙습니다 성령님」에서 선포기도를 이야기하면서 성도들이 선포기도를 몰라서 능력을 체험하지 못하고 있다고 했다. 손기철, 「고맙습니다 성령님」, 111-28쪽. 선포기도에 관하여 손기철 장로와 피터 와그너의 차이는 '사도적apostolic, '사도'apostle라는 단어의 유무의 차이이다. 피터 와그너는 '사도적인 선포', 손기철 장로는 '선포기도'라고 한다. 손기철 장로는 다음과 같이 선포기도를 해야 할 이유를 설명하였다.

> "우리가 가는 곳곳마다 하나님나라를 선포해야 합니다. 하나님나라가 도래하지 않는 이유는 하나님의 자녀들이 입술로 그 사실을 인정하지 않기 때문입니다. 하나님의 자녀들이 입술로 선포하지 않기 때문에 하나님나라가 도래하지 않는 것입니다. 하나님나라가 도래해야만 하나님의 역사가 일어납니다. 하나님나라에서 하나님의 백성이 하나님나라의 법을 사용할 때말씀을 선포할 때그 자국민의 혜택을 받을 수 있습니다. 우리가 하나님나라의 백성인데도 그 나라의 백성된 혜택을 받지 못하고 그냥 힘겹게 살아가야 하겠습니까?" 앞의 글, 128쪽.

손기철 장로의 선포기도에 대한 내용을 읽으면 믿음은 혀끝으로 굴리는 말장난과 같다. 소원하는 내용을 예수의 이름을 빌어 입으로 선포하면 그대로 된다는 것이다. 선포기도라는 그럴싸한 이론이 우리에게 이와 같은 심각한 진리의 왜곡을 초래한다는 사실을 많은 사람들이 간과하고 있다.

> "내가 예수 그리스도의 이름으로, 내 머리끝부터 발끝까지 우리 주 예수 그리스도의 보혈로 덮노라! 보혈로 인해 내가 죄 사함을 받았음을

선포하노라! 내가 이 시간 예수 그리스도의 이름으로 명하노니, 나에게 나쁜 영양을 준 영, 감정, 생각들은 나의 영, 혼, 육에서 완전히 떠나갈지어다! 떠나갈지어다!" 앞의 글, 121쪽.

손기철 장로는 이렇게 구체적인 선포기도의 방법을 보여주었다. 그러나 이러한 내용은 일종의 주술이지 하나님께 드리는 기도는 아니다. 그리스도의 보혈의 권세와 능력을 나에게 적용시켜 주시는 분은 오직 하나님이시다. 하나님 외에 누가 그리스도의 보혈의 효력을 유도하고 조종할 수 있겠는가? 우리가 우리 스스로 그리스도의 보혈의 은혜를 우리에게 덮을 수 있겠는가? 손기철 장로는 선포기도라는 개념을 동원하면서 두 가지 죄를 범하고 있다. 하나는 인간으로 하여금 하나님 노릇하게 하는 것이고, 또 하나는 하나님께 올리는 기도를 사이비 종교의 주문으로 변질시키는 것이다.


(4) 땅 밟는 기도

피터 와그너가 지역을 통치하고 있는 귀신들을 몰아내기 위해 시행하는 또 다른 전략은 그 땅을 직접 밟으면서 기도하는 것이다. 흔히 사람들이 이것을 '땅 밟기 기도'라고 했다. 피터 와그너는 땅을 밟으면서 하는 기도에 대한 이론을 전개할 때에 다음의 성경 말씀을 근거로 들었다.

"무릇 너희 발바닥으로 밟는 모든 곳을 내가 다 너희에게 주었노니"수 1:3.

중보기도하는 사람들의 발바닥이 닿는 곳이 영적으로 회복되어 하나님의 나라가 될 것이라는 이론은 너무나도 유치하다. 하나님께서 여호수아에게 이스라엘 백성들이 하나님의 약속을 굳게 신뢰하여 담대하게 믿음과 순종의 싸움을 싸워 남은 가나안 땅을 취하라는 격려의 차원에서 하신 말씀이었다. 모세가 세상을 떠난 이후 두려움과 외로움을 느끼고 있는 여호수아에게 하나님의 말씀에 전적으로 순종하면 능히 남은 가나안 족속들을 물리칠 것이라는 약속과 권면의 말씀이었다. 그래서 하나님은 여호수아에게 곧 이어 이와 같이 말씀하셨다.

"너는 마음을 강하게 하고 극히 담대히 하여 나의 종 모세가 네게 명한 율법을 다 지켜 행하고 좌로나 우로나 치우지지 말라 그리하면 어디로 가든지 형통하리니"수 1:7.

피터 와그너의 직접 그 땅을 밟으면서 대적하는 기도를 하여 그 땅을 회복시키다는 기도의 이론은 전혀 성경적이지 못하다. 그의 모든 주장들과 이론들에 성경구절이 근거로 제시되었지만, 바르게 적용되지 못하는 경우가 많다. 피터 와그너의 통치신학의 요소요소에 이러한 현상이 나타나고 있다. 하나님의 나라의 확장의 수단은 오직 하나님의 말씀이다. 말씀의 중심인 예수 그리스도의 십자가가 전파되는 곳에 영혼을 거듭나게 하시는 성령의 역사가 나타난다. 그래서 예수 그리스도께서는 승천하실 때 지상에 남기신 제자들에게 이렇게 명하셨다.

"하늘과 땅의 모든 권세를 내게 주셨으니 그러므로 너희는 가서 모든
민족을 제자로 삼아 아버지와 아들과 성령의 이름으로 세례를 베풀고
내가 너희에게 분부한 모든 것을 가르쳐 지키게 하라"마 28:18-20.

사람들에게 복음을 전하여 제자를 삼고, 세례를 베풀고, 예수 그리스
도의 말씀을 행하여 지키게 만드는 것이 그 땅을 회복시키는 성경적인
방법이다. 도시를 회복시키는 핵심적인 사역은 말씀을 전파하여 영혼들
이 그리스도를 믿게 하는 것이다. 성령을 의지하여 말씀을 전파할 때 원
수가 떠나가는 것이지, 먼저 주술적인 기도로 원수를 쫓아내고 난 후에
복음을 전파하는 것은 성경적인 원리가 아니다.

피터 와그너는 그 땅의 회복을 위해 시행하는 땅을 밟은 기도 전략에
는 다음과 같은 방식들이 있다고 가르쳤다.

❶ 찬양행진Praise march

찬양행진은 사전에 그 도시의 행정당국의 허락을 받고서 시행하는 땅
을 밟는 기도이다. 피터 와그너는 도시의 거리를 찬양하면서 행진하는
목적이 믿는 자들의 기도를 그 지역 사회 속으로 가지고 들어가기 위해
서라고 한다. 성경에서도 그러한 예를 찾을 수 있는데, 하나는 다윗이 찬
양의 행렬을 이끌고 예루살렘으로 들어갔던 것삼하 6:12-17이고, 또 하나

는 예수님께서 공생애의 마지막 때에 예루살렘에 입성하였던 때마 21:1-9 였다고 한다. 또한 찬양행진을 통하여 그리스도의 몸 된 교회들의 단결을 도모할 수 있고, 또한 일반대중을 성도들이 그리스도를 섬기는 모습을 구경하게 함으로써 믿음으로 초청하는 효과가 있다고 한다. C. Peter Wagner, *Church That Pray* (Ventura, CA: Regal Book, 1993), pp. 157-160.

### ❷거리기도Prayer Walks

거리기도는 주로 기도자들이 살고 있는 도시의 가까운 지역의 거리를 걸어 다니면서 그 지역의 영토귀신들을 대적하는 땅을 밟은 기도이다. 거리기도는 여러 사람이 함께하는 찬양행진과 달리 조직이나 여러 사람들이 협력할 필요가 없으며, 상대적으로 기도자들이 위험에 처할 가능성이 없으므로 당국의 허가를 받을 필요가 없다. 앞의 글, p. 172.

### ❸원정기도Prayer Expeditions

원정기도는 소수의 정예요원들이 팀을 구성하여 멀고 위험스러운 지역을 탐험하는 탐험가들처럼 소수의 기도특공대를 조직하여 넓은 지역을 걸으면서 사탄의 권세가 떠나고 하나님의 나라가 임하기를 위해 기도하는 전략이다. 피터 와그너는 런던에서 베를린까지 걸으면서 기도하였던 원정기도의 실례를 소개한다. 이처럼 원정기도는 국가와 국가 사이의 땅을 밟으면서 기도하는 전략이다. 이때에도 가장 중요한 것은 영적도해이다. 여행하면서 지나가는 도시들을 무의미하게 스쳐보내지 말고 각각의 도시들이 존재하는 이유와 그 도시들이 하나님 나라를 위해 공헌할 수 있는 독특한 분야를 파악하여 기도해야 한다고 한다. 앞의 글, p. 194.

### ❹기도여행Prayer Journeys

기도여행은 피터 와그너가 가르치는 땅을 밟고 기도하면서 영적전쟁을 수행하는 방법들 중에서 가장 고차원적인 영적전쟁을 수행하는 기도의 패턴이다. 찬양행진이 도시를 타켓으로 하고, 거리기도가 가까운 이웃들을 타켓으로 하고, 원정기도는 멀고 넓은 지역을 타겟으로 하는 기도인데 비하여, 기도여행은 특별한 의미가 있는 사탄의 요새를 격파하기 위해 은밀히 기동하는 기도여행이다. 피터 와그너는 기도여행의 특성에 대해서 다음과 같이 말한다.

> "교회 밖에서 드리는 기도들을 비교해 볼 때, 다른 기도들은 초, 중등학교로 볼 수 있다면 중보 기도여행은 대학교와 같고 예언적인 기도여행은 대학원과 과정과 같다. 사탄은 자신이 현재 활동하고 있는 요새를 안전하게 지키는데 있어서 아주 열심이다. 기도여행은 적의 안녕에 직접적이고 공개적인 위협을 가하는 것인데, 그는 그 위협들을 물리치기 위해 가능한 모든 수단을 동원한다…… 예수행진과 거리기도에 참여하는 것과, 적과 정면으로 대면하는 기도여행과는 성격이 아주 다르

다. 기도여행을 계획한다는 것은 사탄에 대해 전면적인 전쟁을 선포하는 것이다."앞의 글, p. 213.

이상으로 살펴본 것처럼, 피터 와그너는 기도에 대해서 너무나도 비성경적인 이론들을 전개하면서 기독교의 기도와 믿음과 영적전쟁의 본질을 왜곡시켰다. 하나님의 은혜를 입어 예수 그리스도의 십자가 복음을 발견하여 우리 자신들의 죄의 문제를 해결해 주시는 예수 그리스도와 인격적인 연합을 이루는 것이 믿음의 첫 단추이고, 그것이 기독교의 가장 중심이 되는 내용이다. 그러나 피터 와그너는 기독교를 귀신퇴치 놀음으로 만들고, 우리가 예수 그리스도와 인격적으로 깊이 친밀하게 연합되고, 그의 뜻에 합당한 삶을 살면서 그리스도의 덕과 향기를 발하는 것 자체가 사탄을 두렵게 만드는 최고의 무기임을 망각하게 만들었다. 그래서 그의 그릇된 영향을 받은 많은 사람들이 사탄이 지배하고 있는 땅의 결박을 풀어 하나님의 부흥이 임하게 만들겠다고 여행객으로 가장하여 타종교 중요한 시설들, 고대의 종교 유적지, 예루살렘 등에 땅 밟는 중보기도를 시행하였다.


3) 부의이동, 일터 교회, 일터 사도

피터 와그너는 인간의 사회를 지배하며 크게 영향을 미치는 세 가지 요소는 '폭력'violence, '지식'knowledge, '부'wealth라고 보았다. 그 중에서 인류에게 가장 큰 영향을 미치는 것이 부라고 하였다. 마귀의 통치를 받고 있는 세상이 하나님의 통치가 이루어지는 세상으로 변하는 '사회변혁'social transformation이 이루어지기 위해 가장 중요한 역할을 하는 것이 부라고 보았다. 그는 하나님 나라의 확장을 꿈꾸는 그리스도인들이 부를 취하지 않고서는 결코 원하는 사회의 변혁을 기대할 수 없다고 강조한다. C. Peter Wagner, *Dominion*, p. 19.

피터 와그너는 지금 세상의 부가 신사도운동 교회로 이동되고 있다고 주장했다. 군대가 싸움을 싸우기 위해 군자금이 넉넉해야 하는 것처럼, 신사도운동을 통해 하나님의 나라를 완성하여 예수 그리스도의 재림의 요건들을 성취하는 과업을 완수하기 위해 신사도운동 교회와 신자들에게 부를 공급해 주신다는 이론이었는데, 피터 와그너는 이 사실을 여러 선지자들이 예언하였다고 했다. 앞의 글, p. 19. 그는 사회변혁을 통하여 마귀의 통치가 사라지기 위해서 '가난의 영'the spirit of poverty이 결박되고 대신 '경건한 번영의 영'the godly spirit of prosperity이 그 자리를 채워야 한다고 주장했다. 앞의 글, p. 20.

부의 이동을 통해 신사도운동의 하나님의 나라를 확장하기 위해 피터 와그너는 '일터 교회'church in the work place와 '일터 사도'workplace apostles 이론까지 고안하였다. 피터 와그너는 두 종류의 교회가 있는데, 하나는 주일에 모이는 전통적인 개념의 종교적인 교회이고 또 하나는 성도들이 흩어져서 활동하는 직장과 삶의 현장이라고 하였다. 전통적인 교회를 '핵 교회'the nuclear church라고 하고, 성도들이 흩어져서 활동하는 직장과 삶의 현장을 '확대된 교회'the extended church라고 하였다. 확대된 교회의 또 다른 명칭은 '일터 교회'church in the work place이다. 앞의 글, pp. 140-41.

> "너희는 사도들과 선지자들의 터 위에 세우심을 입은 자라 그리스도
> 예수께서 친히 모퉁이 돌이 되셨느니라"엡 2:20.

그는 이 말씀이 전통적인 환경에서 모이는 교회인 핵 교회뿐 아니라
확대된 교회인 일터교회에도 적용되어야 한다고 주장하였다. 핵 교회
에 사도의 은사와 소명을 가진 사람들이 존재하는 것처럼, 일터 교회에
도 사도의 은사와 소명을 가진 일터 사도들이 있다고 주장했다. 앞의 글,
p. 141.피터 와그너는 기존의 교회인 핵 교회에서 사역하는 사도들보다는
세상 속에 흩어진 교회인 일터교회에서 활동하는 사도들이 세상을 변혁
시켜 하나님의 나라를 완성하는데 더욱 크게 공헌할 수 있는 잠재력을
가졌다고 보았다. 앞의 글, p. 151. 왜냐하면 세상에서 일하는 성도들을 훈
련하고 변화시키는 역할과 기회가 바로 이들 일터사도들에게 더 많이
주어졌기 때문이다. 그는 일터교회에서 활동하는 일터 사도들의 협력과
공헌이 없이는 결코 사회가 변혁되어 마귀에게서 통치권을 되찾아 지상
에 하나님의 나라를 구현할 수 없다고 다음과 같이 말했다.

> "일터교회의 참여와 공헌이 없이 사탄으로부터 통치권을 되찾는 작업
> 은 매우 힘들 것이다. 나는 이와 같은 새로운 개념과 이러한 원리들을
> 내포하고 있는 실질적인 수단들이 아직은 시작단계일 뿐이라는 것을
> 알고 있다. 우리는 누가 일터사도인지 확인하고 필수적인 작업을 진행
> 하고 있는 중이다. 지금 현재 500여명의 국제사도연맹의 멤버들 가운

데, 약 60-70명의 일터 교회의 사도들로 분류되었다." <sub>앞의 글, p. 155.</sub>

그렇다면 피터 와그너는 성경의 어느 부분을 근거로 자신의 일터 교회, 일터 사도의 이론을 만들었을까? 그가 일터 교회와 일터 사도에 대해 집중적으로 이야기하는 「The Church in the Workplace」를 살펴보았다. 성경 어느 부분에서 일터 교회에 대한 근거와 하나님의 명령을 발견했다는 내용은 보이지 않았다. 단지 신사도운동의 사도로 부르심을 받은 자신이 성령께서 교회들에게 하시는 말씀을 듣는 능력이 있다고 자부한다고 그는 말했다. 성령께서 사회변혁을 이루기 위해서는 일터 교회와 일터 사도가 있어야 한다고 교회들에게 말씀하시는 것을 자신은 느낀다는 식이었다. 그리고 일터 교회에 대한 하나님의 구체적인 말씀도 들었다고 다음과 같이 말했다.

> "2001년 6월, 미네소타의 메간 도일<sub>Megan Doyle</sub>과 데니스<sub>Demmis</sub>가 느헤미야 파트너<sub>Nehemiah Partners</sub> 집회에 와서 일터 사역<sub>marketplace ministry</sub>에 대하여 강의해 달라고 요청하였을 때, 나에게 변화가 일어났다. 처음에 나는 정중하게 거절하려고 했으나, 하나님이 내가 분명히 들을 수 있는 다음과 같은 음성으로 나를 깜짝 놀라게 하셨다; '내 아들아, 나는 네가 일터 교회에 대해 더 많은 관심을 기울이기 바란다.'" <sub>C. Peter Wagner, *The Church in the Workplace* (Ventura, CA: Regal books, 2006), p. 9.</sub>

하나님이 신사도운동 교회들에게 부를 이동하여 주신다는 주장의 근거는 신사도운동의 여러 선지자들의 예언이었다. 그런데 일터 교회 이론의 근거도 성령이 사회 변혁을 이루기 위해 교회들에게 일터 교회가 필요하다고 말씀하시는 것에 대한 사도인 피터 와그너 자신의 느낌과 확신이라고 한다. 그리고 2001년에 실제로 일터 교회에 대하여 더 많은 관심을 가지라는 하나님의 음성을 듣기도 했다고 한다. 성경적인 근거는 없고, 전부 정통 교회가 인정하지 않는 내용들이다. 그렇다면 피터 와그너의 일터 사도에 대한 이론의 성경적 근거는 무엇일까? 그의 책을 보니 일터 사도의 근거를 성경에서 찾으려고 고심한 흔적은 보였다.

> "수년 전부터 새로운 사도에 대한 연구를 시작한 이후 하나님께서 일터에서 사역할 사도들을 세우셨다는 사실을 확신하기까지 상당한 시간이 필요했다. 나에게 가장 어려운 점은 일터에서 사역하는 사도들에 대한 성경의 모델을 찾을 수 없다는 것이었다. 핵 교회의 사도의 대표적인 모델은 바울이지만, 확대된 교회의 사도의 모델이 되는 사람을 찾을 수 없었다. 2001년 하나님께서 나에게 일터 교회에 더 많은 관심을 가지라고 말씀하셨고 내가 순종하기 시작하자, 하나님께서 갑자기 내가 선명한 사실들을 보게 해 주셨다. 누가Luke가 일터교회의 사도였던 것이다. 왜 이전에는 이 사실을 보지 못했을까? 그리고 루디아Lydia도 같은 관점에서 볼 수 있게 되었다." 앞의 글. p. 26.

피터 와그너는 일터 사도로서의 누가의 특징을 다음의 네 가지로 요약하였다. 첫째, 두 권의 신약성경을 기록할 정도로 하나님께서 신적인 기름부음을 주셨다. 그는 성령이 교회들에게 하시는 말씀을 듣는 사람이었다. 둘째, 교회개척자였고 선교사였다. 셋째, 사도 바울과 매우 가깝고 친밀한 사이였다. 넷째, 자신에게 있는 물질로 바울을 도왔다. 피터 와그너는 일터 사도로서의 누가의 특징을 이상과 같이 열거하면서, 누가는 바울에게 단순히 재정만 지원하는 정도가 아니라 복음을 위해 함께 멍에를 짊어진 친구였다고 했다. 앞의 글. pp. 28-9. 오늘날에도 바울과 누가가 긴밀하게 동역했던 것처럼, 일터 교회의 사도들과 핵 교회의 사도들이 협력하여 사회변혁을 이루어 이 땅에 하나님의 나라를 성취해야 한다고 주장했다. 피터 와그너는 마샬Marshall이 자신의 책 「God@Work, Volume 2」에서 일터 사도에 대해 주장한 내용을 인용하면서 좀 더 구체적으로 일터 사도의 특징을 소개하였다. 앞의 글. p. 33.

1) 일터 사도들은 기사와 이적을 행한다.
2) 일터 사도들은 영적인 권위를 행사한다.
3) 일터 사도들은 영적인 묶인 것을 푼다.
4) 일터 사도들은 부를 교회로 이동시킨다.
5) 일터 사도들은 하나님의 음성을 듣는다.
6) 일터 사도들은 성경적인 기업을 운영한다.
7) 일터 사도들은 온 세상에 복음을 전한다.

이와 같은 피터 와그너의 부의 이동, 일터 교회, 일터 사도에 대한 이론은 매우 황당하고 전혀 성경적이지 못하다. 그 이유를 설명하자면 다음과 같다.

## (1) 비성경적인 예언에 근거

하나님께서 지금 신사도운동 교회들에게 신사도운동의 성공적인 완수를 위해 자금을 밀어주신다는 부의 이동의 근거는 신사도운동의 선지자들의 예언이었다. 피터 와그너는 부의 이동에 대해서 여러 선지자들이 이미 예언했다고 했다. C. Peter Wagner, *Dominion*, p.19. 그러나 피터 와그너가 의지하고서 자신의 신사도운동 신학을 전개하게 한 그 예언은 거짓 선지자들의 예언일 뿐이다. 그들의 예언은 현재 우리의 신앙과 교회에게 아무런 가치나 영향을 미칠 수 없다.

정통 교회의 예언의 은사에 대한 신학은 다음과 같다. 첫째, 하나님이 구약의 선지자들과 신약의 사도들을 통해 주시어 성경 66권으로 기록되고 완성된 말씀 그 자체가 예언이다. 특별계시로서의 예언은 이미 성경 66권으로 완성되었고, 더 이상 계시로서의 예언은 존재하지 않는다. 누구라도 계시로서의 예언을 받고 전하는 자는 예외 없이 이단으로 규정될 수 밖에 없다. 하나님이 계시를 주실 때 사용되었던 음성, 환상, 꿈 등은 성경 66권의 완성과 더불어 사라졌고, 이제는 더 이상 나타나지 않는다. 이것이 정통교회의 계시관이며, 정통 교회의 신앙의 표준문서로 여겨지는 웨스트민스터 신앙고백서 1장 1항에도 같은 내용이 명시되어 있다.

"그러므로 주께서는 여러 시대에 여러 방식들로 자신을 계시啓示하시고 그의 교회에게 그의 뜻을 선언하기를 기뻐하셨고, 후에는 그 진리를 더 잘 보존하고 전파하시기 위해, 또 육신의 죄성과 사탄과 세상의 악의惡意에 대항하여 교회를 더 굳게 세우시고 위로하시기 위해 그 계시하신 내용을 온전하게 기록되게 하셨다. 이것이 성경을 가장 필요하게 만든다. 왜냐하면 하나님께서 그의 백성에게 그의 뜻을 계시하시던 이전의 방식들이 지금 중지되었기 때문이다."

둘째, 성경 66권의 하나님의 말씀을 교회에 선포하고, 가르치고, 설명하는 말씀 사역에 대해서도 성경은 예언이라고 한다. 그러나 예언은 하나님으로부터 새로운 계시를 받아 전하는 예언이 아니다. 오직 이미 성경에 기록되어 있는 말씀을 전파하고, 해석하고, 적용하는 예언이다. 코르넬리스 프롱크, 「예수 그리스도 외에 다른 터는 없네」 (임정민 역), 103.쪽

그러므로 어떤 거짓 선지자들의 예언에 근거하여 마지막 시대의 하나님 나라의 완성을 위하여 신사도운동 교회들에게 부를 이동하여 주신다는 피터 와그너의 부의 이동이라는 이론은 전통 교회가 전혀 인정할 수 없는 이단적인 주장으로 규정될 수밖에 없다.


2) 하나님의 나라와 재물에 대한 비성경적인 가르침


피터 와그너의 주장의 핵심은 전쟁에 임하는 군대에게 넉넉한 군자금이 필요한 것처럼, 신사도운동 교회들에도 마귀에게 빼앗긴 통치권을 되찾아 이 땅에 하나님의 나라를 회복하는 전쟁을 전개하기 위해 많은 돈

이 필요하다는 것이다. 그러나 그의 주장은 하나님의 나라와 재물에 관한 성경의 가르침과 맞지 않다. 성경은 돈이나 다른 이 세상의 물질적인 힘으로 건강한 교회가 세워지고 하나님의 나라가 확장될 수 있다고 가르치지 않는다. 하나님의 나라의 확장은 먼저 그리스도를 믿는 성도들이 말씀을 중심으로 예수 그리스도와 깊고 진실하게 연합되고, 예수 그리스도에게 영광이 되는 신실한 삶을 살아감으로서 하나님의 나라가 확장된다고 가르친다.

> "너희 마음에 그리스도를 주로 삼아 거룩하게 하고 너희 속에 있는 소망에 관한 이유를 묻는 자에게는 대답할 것을 항상 준비하되 온유와 두려움으로 하고 선한 양심을 가지라 이는 그리스도 안에 있는 너희의 선행을 욕하는 자들로 그 비방하는 일에 부끄러움을 당하게 하려 함이라"벧전 3:15,16.

> "날마다 마음을 같이하여 성전에 모이기를 힘쓰고 집에서 떡을 떼며 기쁨과 순전한 마음으로 음식을 먹고 하나님을 찬미하며 또 온 백성에게 칭송을 받으니 주께서 구원 받는 사람을 날마다 더하게 하시니라"행 2:46,47.

물론 그리스도인들이 재물을 무조건 죄악시하고 믿음의 영역 밖으로 밀치려는 자세를 가지라는 것은 아니다. 그러나 하나님 나라 운동을 위해 돈이 가장 필요하고 중요한 수단이 된다는 부의 이동 사상은 너무도 비성경적이다. 성경은 믿는 자들이 하나님의 말씀을 바르게 배우고, 진실하게 믿고, 온전하게 순종함으로써 성령의 역사가 더욱 이 땅에 풍성하게 넘쳐나게 하는 것이 하나님의 나라를 세우는 길이라고 가르친다. 먼저 믿는 자들이 하나님께 영광이 되는 참 믿음과 삶의 열매를 드러내면, 하나님께서 더 크게 영광을 받으시고 더불어 구원받는 자들이 더욱 더 많아질 것이다. 초대교회의 부흥은 바로 이와 같은 모습으로 이루어졌다. 피터 와그너의 거짓 선지자들의 예언에 근거하여 만들어진 부의 이동 이론은 결국 돈에 대한 인간의 욕망에 호소하는 사기적인 내용이다. 신사도운동에 헌신하면 많은 돈을 얻을 수 있다는 그릇된 메시지로 많은 사람들에게 더욱 심각한 거짓 복음 늪으로 빠지게 만들 게 될 것이다.

셋째, 피터 와그너가 고안한 일터 교회라는 개념은 결코 교회가 될 수 없다. 지상에 존재하는 모든 교회는 무릇 하나님의 몸 된 교회이고, 또한 예수 그리스도의 교회이며, 예수께서 자신과 동일시하시는 교회이어야 한다. 그러한 교회가 되기 위해서 반드시 그리스도와 친밀한 연합이 이루어져야 하고, 세상과는 구별된 하나님의 몸으로서 거룩성을 가져야 하고, 또한 교회의 기초가 된 사도들의 가르침에 그 뿌리가 닿아 있는 사도적인 교회이어야 한다. 다음을 참고하라. "서철원 교수의 교회론 강의", http://blog.daum.net/_blog/BlogTypeView.do?blogid=0MlpM&articleno=7751708&_bloghome_menu=recenttext#ajax_history_home

## (3) 비성경적인 일터 교회, 일터 사도 이론

피터 와그너가 주장한 일터 교회는 성경적인 교회로 인정받을 수 없다. 그의 일터 교회라는 개념은 예수 그리스도의 복음으로 구원받은 신자들이 말씀, 예배, 기도를 중심으로 예수 그리스도와 영적인 연합을 이루는 곳이 될 수가 없고, 단지 성도들의 비즈니스와 삶의 현장일 뿐이다. 그리고 성경 말씀의 구속력을 가지지 못하니 교회의 생명인 사도성을 보장할 수가 없다. 세상으로부터 구별된 하나님의 몸으로서 거룩성을 유지하는데 필수적인 성례를 시행하지 못하고, 세상의 악과 마귀의 거짓 가르침의 침투를 막는 권징도 이루어지지 못한다.

무엇보다 심각한 사실은 이러한 이론들과 개념들이 신사도운동권의 거짓 선지자들의 예언과 피터 와그너 자신이 들은 하나님의 음성에 뿌리를 두고 있다는 것이다. 이 땅의 예수 그리스도의 교회는 오직 예수 그리스도께서 친히 세우시고 양육하신 성경의 사도들을 통해 주어진 계시에만 근거해야 한다. 예수 그리스도는 이미 자신이 친히 세우신 성경의 사도들을 통하여 이 땅에 이미 자신의 교회를 세우셨다. 우리는 주께서 친히 세우신 사도들을 통해 세워진 예수 그리스도의 교회를 성경대로 믿는 믿음으로 지키고 가꾸어 갈 뿐이다.

그러나 피터 와그너는 예수 그리스도와 무관한 다른 사도들을 세웠고, 그들이 중심이 되는 일터 교회라는 다른 교회를 세웠고, 그곳에다 또 다른 거짓 사도들을 세우기 위해 예수 그리스도가 친히 세우신 성경의 사도들에 의해 세워진 예수 그리스도의 교회의 충성된 일꾼이었던 누가를 왜곡시켜 다른 교회를 이끄는 거짓 사도들의 모델로 제시하였다. 피터 와그너의 성경 해석은 너무나도 자의적이고 비성경적이다.


### 4) 7대산 정복

'7대산 정복운동'이란 사회를 구성하는 중요한 일곱 개의 영역을 예수 그리스도의 복음으로 정복하여 이 땅에 완전한 하나님의 통치가 실현되게 한다는 운동이다. 원래 이것은 피터 와그너가 최초로 창안한 것이 아니고 YWAM의 설립자인 로렌 거닝햄Loren Cunningham과 C.C.C의 설립자인 빌 브라잇Bill Bright이 구상하였던 개념이었다. C. Peter Wagner, *Dominion*, p. 143. 그때에는 '7대산'이라는 용어가 등장하지 않았고 '사회를 구성하는 일곱 개의 영역'the seven principal segments of society, 또는 '일곱 개의 문화의 틀'seven molders of culture이라는 용어로 표현되었다.

그리고 후에 피터 와그너가 이 개념에 관심을 가지게 되었고, 경영컨설턴트business consultant 랜스 월노우Lance Wallnau가 '7대산'seven mountains이라는 다른 용어를 제안하였다. 피터 와그너도 7대산이라는 용어를 더 선호하게 되었고, 이후 '7대산 정복운동'이라는 말로 정착되었다. 7대산 정복운동이란 지상의 사회를 구성하는 중요한 일곱 가지 문화의 틀, 종교, 가정, 정부, 예술과 오락, 방송, 기업, 교육 분야를 변혁시켜 하나님의 직접적인 통치를 받게 만드는 것을 추구하는 운동이다. 앞의 글, p. 144.

7대산 정복운동은 마귀가 장악하고 있는 지상의 통치권을 되찾아 지상에 하나님의 나라를 실현하는 것을 목적으로 하는 피터 와그너의 통치신학의 중요한 전략이다.

대체 어떻게 사회를 구성하는 7개의 중요한 영역을 신사도운동으로 정복한다는 것일까? 다음의 피터 와그너의 말을 통하여 그가 무슨 방법으로 사회를 구성하고 있는 7개의 중요한 영역을 정복할 수 있을 것이라 구상했는지 알 수 있다.

> "랜스 월로우가 말한 것처럼, 외부에 있는 사람들 중에서 사회의 중요한 7개의 영역 속으로 진입해 들어갈 수 있는 사람은 결코 많지 않고, 특히 정상의 자리에까지 올라갈 수 있을 것을 기대한다는 것은 더욱 더 어려운 일이다. 그러한 일을 할 수 있는 사람은 이미 그 내부에 있는 사람이다. 왜냐하면 7개의 영역은 각각 독특한 문화를 형성하고 있기 때문이다." 앞의 글.

현재 사회의 중요 7개 영역과 무관한 위치에 있는 사람들이 7개 영역을 정복하기 위해 이제부터 그 영역 속으로 진입해 들어가려고 시도하는 것은 무의미하다는 것이다. 그러면 어찌해야 하는 것인가? 이미 7개 영역 속에 있는 사람들 가운데 최고의 위치에 까지 올라가 그 분야를 정복하는 사람이 되어야 한다는 뜻이다. 피터 와그너의 말을 들어보자!

> "핵 교회전통적 교회의 사도들은 사회를 구성하는 7개의 영역 가운데 하나 또는 다른 하나의 절반 정도에 영향을 미칠 수 있다. 나머지 중요한 5개 이상의 영역들에게 핵 교회의 사도들은 아무 영향을 미치지 못한

다. 이것이 핵 교회의 사도들만으로 마귀에게서 통치권을 되찾기 위한 전쟁을 수행할 수 없는 이유이다. 통치권 회복은 사회의 중요한 영역들과 그 하부의 영역들 속에서 주도권을 행사하면서 하나님을 섬기는 성령충만한 일터 사도들이 없이는 불가능하다." 앞의 글. p. 148.

"일터 교회의 사도들에게는 사회를 변혁시킬 수 있는 놀라운 가능성이 있다. 그들은 이미 교회를 제외한 6개의 사회를 구성하는 중요한 영역 속에 깊이 자라하고 있는 사람들이다. 그들은 승리자들이다. 일터 교회의 사도들은 기회가 주어질 때 어떻게 일해야 하는지를 아는 사람들이다." 앞의 글. pp. 154-55.

피터 와그너는 자신이 핵 교회라고 부르는 전통적인 교회에서 활동하는 사도들은 사회를 구성하는 7개의 영역에 거의 영향을 미치지 못한다고 한다. 그러나 이미 사회에서 중요한 일을 감당하는 사람들로 구성된 일터 교회의 일터 사도들은 큰 영향을 미칠 수 있다고 한다. 왜냐하면 그들은 이미 사회의 중요한 영역 속에서 일하고 있는 사람들이고, 그래서 정상에까지 올라갈 수 있는 가능성이 더 높기 때문이다. 결국 피터 와그너의 7대산 정복운동의 주체는 기존의 전통적 교회의 거짓 사도들이 아니고, 피터 와그너가 세운 새로운 교회, 일터 교회에서 활동하는 거짓 사도들인 것이다.

피터 와그너의 7대산 정복 개념은 겉보기에 매우 그럴싸하지만, 이 땅에 신사도운동 사상이 완전하게 실현되어 지상의 모든 영역이 신사도운동의 하나님의 통치를 받게 만들겠다는 것이므로 우리로서는 경계하지 않을 수가 없다. 지상의 모든 종교들이 자신들의 종교 사상과 이론이 온 세상에 전파되어 실현되어지기를 소망하고 있으므로 피터 와그너가 비슷한 꿈을 꾸면서 이러한 일을 벌였다는 것이 새삼스러운 일은 아니라 생각된다. 사실 초기의 신사도운동가들에게도 비슷한 꿈이 있었다. 그들은 스스로를 교회와 세상을 변화시키기 위해 하나님이 소집한 '요엘의 군대'Joel's Army라고 불렀다. 신사도운동으로 온 세상에 변혁을 이루어 지상에 완전한 하나님의 통치를 구원하겠다는 피터 와그너의 도미니언 사상도 그 연장선상에서 나타난 것이고, 7대산 정복운동은 그것을 위한 하나의 전략이다.

피터 와그너가 꿈꾸었던 것처럼, 지상의 중요한 일곱 개의 문화의 영역들 속에서 죄와 사탄의 영향이 완전히 사라질 수 있을까? 과연 완전한 하나님의 통치가 세상에서 이루어질 수 있을까? 그렇게 된다면 너무도 좋겠지만, 성경은 그런 세상이 올 수 있다고 가르치지 않는다.

> "너는 이것을 알라 말세에 고통하는 때가 이르러 사람들이 자기를 사랑하며 돈을 사랑하면 자랑하면 교만하며 비방하며 부모를 거역하며 감사하지 아니하면 거룩하지 아니하며 무정하며 원통함을 풀지 아니하며 모함하며 절제하지 못하면 사나우며 선한 것을 좋아하지 아니하며 배신하며 조급하며 자만하며 쾌락을 사랑하기를 하나님 사랑하는 것보다 더하며 경건의 모양은 있으나 경건의 능력은 부인하니 이 같은 자들에게서 네가 돌아서라"딤후 3:1-5.

피터 와그너의 7대산 정복운동은 멋있어 보이는 도전이다. 그러나 성경이 그 가능성을 인정하지 않는 일에 대한 도전이다. 성경은 이 세상에서 죄와 마귀가 사라지고 하나님의 거룩과 질서가 충만하게 실현되는 세상을 이룩하라고 우리에게 가르치지 않는다. 그런 세상이 가능하다고도 말씀하시지 않는다. 오히려 세상은 마지막이 될 수록 지옥을 방불하게 될 것이고, 그 속에서 성도는 믿음을 더럽히지 않는 참된 하나님의 자녀가 되기 위해 목숨을 걸어야 할 것이라고 말씀하신다.

> "그 때에 사람들이 너희를 환난에 넘겨주겠으며 너희를 죽이리니 너희가 내 이름 때문에 모든 민족에게 미움을 받으리라 그 때에 많은 사람이 실족하게 되어 서로 잡아 주고 서로 미워하겠으며 거짓 선지자가 많이 일어나 많은 사람을 미혹하겠으며 불법이 성하므로 많은 사람의 사랑이 식어지리라 그러나 끝까지 견디는 자는 구원을 얻으리라"마 24:9-13.

피터 와그너는 성경이 가능성을 제시하지 않는 이 땅에서 천국을 건설하는 일에 힘을 쏟고 있다. 신천지라는 사이비 종교의 교주 이만희가 지상에 새로운 완전한 세상을 만든다고 가르친다고 하는데, 피터 와그너가 꿈꾸는 완전한 하나님의 나라 건설 구상도 그와 비슷한 것이 아닌가? 성경은 피터 와그너와 신천지 집단이 말하는 그런 세상은 오직 역사의 끝에서 재림하시는 예수 그리스도께서 이루신다고 말씀하신다.

> "또 내가 새 하늘과 새 땅을 보니 처음 하늘과 처음 땅이 없어졌고 바

다도 다시 있지 않더라. 또 내가 보매 거룩한 성 새 예루살렘이 하나님 께로부터 하늘에서 내려오니 그 준비한 것이 신부가 남편을 위하여 단장한 것 같더라. 내가 들으니 보좌에서 큰 음성이 나서 이르되 보라 하나님의 장막이 사람들과 함께 있으매 하나님이 그들과 함께 계시리니 그들은 하나님의 백성이 되고 하나님은 친히 그들과 함께 계셔서 모든 눈물을 그 눈에서 닦아 주시니 다시는 사망이 없고 애통하는 것이나 곡하는 것이나 아픈 것이 다시 있지 아니하리니 처음 것들이 다 지나갔음 이러라"계 21:1-4.